U0507644

创新视角下的日语教学
内容与方法研究

王　珏　著

全国百佳图书出版单位　吉林出版集团股份有限公司

图书在版编目（CIP）数据

创新视角下的日语教学内容与方法研究／王珏著．
-- 长春：吉林出版集团股份有限公司，2021.7
　　ISBN 978-7-5731-0237-9

　　Ⅰ．①创… Ⅱ．①王… Ⅲ．①日语-教学研究 Ⅳ.
①H369.3

　　中国版本图书馆 CIP 数据核字（2021）第 154296 号

CHUANGXIN SHIJIAO XIA DE RIYU JIAOXUE NEIRONG YU FANGFA YANJIU

创 新 视 角 下 的 日 语 教 学 内 容 与 方 法 研 究

著：王　珏
责任编辑：韩劲松　朱　玲
封面设计：雅硕图文
开　　本：720mm×1000mm　1/16
字　　数：200 千字
印　　张：10.75
版　　次：2021 年 7 月第 1 版
印　　次：2021 年 7 月第 1 次印刷

出　　版：吉林出版集团股份有限公司
发　　行：吉林出版集团外语教育有限公司
地　　址：长春市福祉大路 5788 号龙腾国际大厦 B 座 7 层
电　　话：总编办：0431-81629929
印　　刷：吉林省创美堂印刷有限公司

ISBN 978-7-5731-0237-9　　定　　价：58.00 元
版权所有　侵权必究　举报电话：0431-81629929

前言
Preface

中国与日本一衣带水，两国在很早之前就建立了联系。随着经济全球化进程的进一步加剧，中日之间的经济往来日益频繁，日语教学的重要性也日益凸显，作为培养日语人才的各学校，也应该立足我国国际化的发展思路，不断提高自己的教学目标，为社会培养出适用的人才。

但是从长期以来的日语教学状况来看，日语教学还是延续了传统的应试教育的老路，教师在教学方面缺乏创新意识，导致日语语言教学体系不完整，没有将日语语言教学的根本目的体现出来。从教学内容来看，当前的教学主要围绕日语过级考试而展开，大多数日语课堂仍处于一种知识灌输的状态，课堂互动也只是停留在单一的问答模式上，甚至还存在无课堂互动的现象，这样显然不利于课堂教学效率的提高。

从学生日语的实际应用能力来看，大部分学生的实践能力普遍较弱，日语教学并没有达到理想的效果。随着信息技术的进步与发展，一些新的教学方法不断涌现，各学校也应该顺应时代需要，不断做出变革。

本书是一本探讨创新视角下的日语教学内容与方法的理论著作，概述了日语教学的主体、日语教学的原则、日语教学评价、日语课堂教学与质量提升；简述了日语教学内容的概念和分类、日语教学内容的选择、日语教科书的定位及其他教学资源；分析了创新视角下的日语教学内容与教学方法，最后探讨了教师与学生创新性的培养。与已有的同类研究成果相比，本书主要具有以下四大特色：

一是全面性。本书以从第二章至第七章共六个板块的篇幅，围绕创新视角下日语教学的内容与方法进行了深入的分析与探讨。内容比较广博，信息量比较丰富，以期给新时代的读者更全面、更综合的知识。

二是针对性。目前，虽然当前的日语教学与以往相比已经进行了深入改革，但是当前的教学却未达到教师所期望的效果，本书针对传统教学的弊端，对日语教学内容的改革与教学方法的创新进行了深入论述，具有极强的针对性。

三是创新性。本书在写作的时候认识到了传统教学方法自身所固有的局限性，从创新的视角出发对日语教学展开了深入论述，探讨了基于元话语的日语课堂授课内容建构、商务日语听力教学内容改革，引入了礼仪教学、文化教学等方面的内容；论述了创新视角下的日语微课教学、慕课教学、翻转课堂教学、微信教学等方面的内容，展示出了一定的新意。

四是理论与实践的结合。本书在写作的时候秉承了理论与实践相结合的写作原则，不仅介绍了日语教学、日语内容教学等理论知识，还结合教学实际，将各种教学方法与具体教学实践进行了结合，能够在一定程度上指导实践，具有一定的实用性。

需要说明的是，日语教学内容的改革与教学方法的创新并不止于本书的内容，尤其是其中的某些教育技巧与方法，还需要教师们结合自身实际，灵活运用，唯有如此，才能百尺竿头更进一步！

本书在写作过程中得到了相关领导的支持和鼓励，同时参考和借鉴了有关专家、学者的研究成果，在此表示诚挚的感谢！由于时间及能力有限，书中难免存在疏漏与不妥之处，欢迎广大读者给予批评指正！

目录 *C*ontents

第一章 日语教学概述

近年来，随着中国经济转型和改革的不断深入，中国与世界其他地区，尤其是与日本在各领域的联系日益频繁和密切，这导致社会对日语人才的需求激增，日语教学也日益受到了人们的重视。本章简要论述了日语教学的主体、日语教学的原则、日语教学评价、日语课堂教学质量提升的对策等方面的内容。

第一节 日语教学的主体

一、日语教师

日语教师在日语教学中起着指导作用，是日语教学活动的组织者，日语知识、技能的传授者，生生关系、师生关系的协调者，对学生的学习积极性和最终的学习效果有着重要的影响。日语教师要想在日常教学中充分发挥自己的指导作用，需要科学地认识自己的职责和职业特征，需要具备基本的教学能力和专业素养，同时还应该努力提高自己的教学水平，形成和改善自己的教学风格。

学生、家长、学校和社会分别从各自的角度对日语教师提出了多种多样的期望和要求，赋予了日语教师多方面的职责和功能。日语教师需要根据各方面的不同要求，扮演多重角色。教师最重要的职责是教学，单从教学的角度来看，日语教师大致需要扮演以下几种角色。

1. 日语知识和技能的传授者

日语教师在教学中最首要的角色是日语知识和技能的传授者，这是日语教师扮演的核心角色。学习一门新的语言，学生需要从教师那里获得关于这门语言的形成背景、形成过程、基本构成等基础知识，同时还需要掌握数量众多、形式纷繁复杂的语言表达。就日语教学来说，这些内容都需要教师通过各种各样的方式来传授。需要注意的是，教师传授日语知识，不能只是把知识直接告诉学生，还需要注意引导学生关注学习方法，在传授知识的同时教会学生如何学习日语。这是我国以往的日语教学中不够重视的地方，教师需要对这一方面给予特别的关注。

此外，伴随着近年来科学技术的巨大进步和互联网技术的迅速推广，信息的传递与获取变得更加方便。日语教师仍然是日语知识的重要传递者和信息源，但已不再是唯一的传递者和信息源，而且这种趋势会越来越明显。日语教师应该清醒地认识到这一趋势，并要学会利用科技带来的便利，与时俱进，做一个日语知识渊博，又能活用新科技为教学服务的日语教师。

同时，语言还是一门实践学科，语言运用能力与语言知识有着密切的关系，但是语言运用能力的形成除了依靠语言知识，还需要反复进行各种训练。日语教师还应承担培养学生日语运用能力的职责，设计、组织、指导、评价学生各种语言能力训练活动。与日语知识相比，日语运用能力的培养是我国日语教育的更高目标。日语教师应该科学地认识日语知识与日语运用能力之间的关系，精心设计教学的各环节，努力提高学生的日语运用能力。

2. 日语课程的构建者

在传统的课程理念和教育环境下，日语教师的作用受到很大限制。一般来说，日语教师严格遵照学校的教学计划以及日语学科的教学大纲、教材开展教学就算完成任务。但随着课程理念的更新和教学理论的发展，日语课程要求学习内容与学生的日常生活相结合，并尽可能进行实践练习，这对日语教师的教学提出了更高的要求。日语学科课程标准和日语教材也在按照课程的精神提出更高要求，同时为一线的教学活动预留了广阔的拓展空间。

日语教师需要根据课程的要求，从自己学校的实际出发，选择课程内容，构建日语课程体系。作为一名日语教师，必须肩负起构建适合本校学生的日语课程的职责。

3. 课堂活动的设计者和组织者

日语教师除了要参与日语课程的构建，还需要设计、组织日常的课堂教学活动，肩负起指导课堂教学的职责。教师是课堂教学活动的"总指挥"，需要熟悉本班学生的学情（学习日语的动机、积极性、学习能力、已有的日语水平、其他学科的学习情况等），结合课程的培养目标，设计出课堂活动的"蓝图"；还要在课堂上组织学生按照"蓝图"开展各类学习活动，并实时监控课堂教学活动的开展情况，预测可能出现的风险，解决已经发生的问题，尽最大可能保证将"蓝图"变为现实。

4. 班级集体的领导者

学校的日语教学活动大都是以"班"为单位展开，日语教师"领导"着整个班集体。教师的领导方式和管理策略，影响着整个班在上日语课时的课堂气氛，甚至对整个班的班风、学风也产生影响。合理有效的领导方式不仅为日语教学活动的顺利开展提供有力的保障，长远来看，还对学生个性的发展和行为模式的养成都具有重要的意义。

如何提高学生的自信心，调动学生学习日语的积极性，形成良好的学习风气，带领学生顺利完成各项学习任务，帮助学生取得令人满意的成绩，这些都考验着日语教师对班集体的领导能力。

5. 终身学习者和教学研究者

日语作为一门语言，其内容纷繁复杂，而且与日本社会文化和日本人的思维都有着紧密的联系，要做到对日语深入研究、科学理解和全面把握是非常困难的。虽然一般来讲，日语教师的专业素养要远远超过其所教的学生，但是在日常的教学过程中，教师仍然经常会碰到难以圆满解答的问题。特别是伴随着知识信息化的迅速发展，学生获取的信息越来越丰富，获得信息的渠道也越来越多。在这样的背景下，日语教师只有不断学习，提高自己的专业素养，才能更好地完成教师答疑解惑的职责。

二、学生

学生是教学活动的主体，同时也是教师教学实践的对象。日语教师要完成自己承担的日语教学任务，充分发挥学生的教学主体作用，使学生获得丰富的日语知识、掌握熟练的日语技能，实现自己的学习目标，就要对自己所教授的学生有充分的了解，同时秉持科学的态度，形成科学的学生观。

教师的学生观是教师对学生特征和培养方向所持有的基本认识和根本态度。它支配着教师的教育行为，决定着教师的工作态度、工作方式和工作效果，对师生关系产生着重要的影响。作为一名日语教师，应该积极了解、研究学生的具体情况和个性特征，科学、客观地看待自己的学生。

（一）学习日语的学生的特点

1. 学生是完整的生命个体

学生是完整的人，作为独立的社会个体，具有生理、心理、社会、物质、精神、价值、信仰等多层次、多方面的需求。教师在教学活动中，要将学生作为完整的个体来看待，要关注他们各方面的需求，而不能仅仅注重其中某些方面。

3. 学生之间存在个体差异

不同学生可能在兴趣、爱好、志向等方面有很多共同之处。但是，受到先天条件、后天教育等因素的影响，学生之间总是存在着这样那样的差异。这就要求教师遵循学生的个性特征，按照并充分利用每个学生不同的兴趣、能力、气质和性格特点等因材施教。

虽然我国的日语教育普遍采用班级授课制度，每个班的学生人数较多，要实现对每个学生的个别指导并非易事，但是在满足大多数学生的共同学习要求的基础上，对特别需要教师引导和帮助的学生给以特别关注是可以实现的。

（二）日语教师学生观的更新

日语教师的学生观是指教师对学习日语的学生所持有的基本观点。受不同时期教育教学理论和实践的影响，我国日语教师所持有的学生观也处在不断变化、发展之中。

进入２１世纪，进行课程改革以后，日语教师的学生观发生了明显的变化，主要体现为开始关注如何发挥学生在教学中的主体地位，尊重学生作为生命个体的尊严和平等，追求学生的全面发展等。但是，观念的改变并非一朝一夕能够实现，需要国家教育行政机构、各级教育实施机构以及教师自身的共同努力。如何看待学生直接影响着教师教学活动的设计和实施，与日语学科教育目标的实现息息相关。可以说，没有教师学生观的根本改变，新课程改革的实施效果必将受到影响，课程改革、教学理念革新的尝试也难成功。

要发挥学生的主体作用，需要通过座谈、观察、问卷等各种方式了解学生的学习需求、学习风格以及语言学习观等。学习需求是指学生的学习目的、学习目标等。学习风格是学生在学习过程中所具有的或偏爱的方式，换句话说，就是学生在研究和解决其学习任务时，所表现出来的具有个人特色的方式。语言学习观是学生对自己所学语言以及语言学习过程所持有的看法和信念。学习需求、学习风格和语言学习观对学生的学习态度、学习计划、学习方法以及最后的学习效果都有重要的影响。教师应注意了解学生在这些方面的特点，并在教学设计、实施以及日常交流中利用学生的这些特点，还可通过教学活动修正学生固有的一些不科学的观念，培养学生科学的外语学习习惯。

第二节 日语教学的原则

日语教学的实施需要教师在科学的教学原则的指导下安排教学活动。正确理解和全面贯彻这些教学原则是教学任务完成的重要保证。

一、交际性原则

日语教学的最终目的是使学生能够具备使用日语进行交际的能力，因此交际性原则是大学日语教学的重要原则之一。具体来说，遵循交际性原则需要教师注意以下几个方面。

第一，重视日语教学的交际工具作用。日语是进行语言交际的重要工具，教学的目的是为了使学生了解和掌握这种工具。

具体在大学日语教学中，交际性原则要求教师以交际性为目的进行教学，同时也要求学生以交际性为目的进行学习，在课堂上多进行交际性语言操练，将教学活动和语言应用紧密结合，从而切实提高日语交际能力。

由于中国缺乏日语使用的相关语言环境，因此课堂教学中的师生交流成为重要的语言交际活动，也成为提升学生语言应用的重要渠道。鉴于此，教师可以利用相关教具，为学生创造适当的场景，协助学生利用日语进行真实或逼真的语言练习。这种教学不仅带有实用性，同时也能引起学生的兴趣。

第二，重视语言语境的影响作用。在中国传统的大学日语教学中，很多教师偏重基础语言知识的教学，这种教学模式下培养的学生并不具备良好的语言交际能力，不能在交际场合中灵活使用日语进行交际。语言的使用是在一定的语境之下进行的，语境具体包括交际的时间、地点、交际者、交际方式、谈话主体等。在不同的语境作用下，相同的话语也可能产生不同的交际效果。

因此，大学日语教学中教师需要重视语言语境的影响作用，培养学生的语境适应性与灵活性，为学生日后的语言交际打下良好的基础。具体来说，在教学过程中，教师可以设计不同的语境体验活动，使学生明白不同语境下语言使用的总体规范。

第三，重视语言教学的生活性。大学日语教学是为了学生的生活服务的，因此在教学中需要重视教学的生活性。教师可以将教学内容和学生所关心的话题进行整合，给学生提供充足的、内容丰富的学习资料。由于这些教学内容与学生生活息息相关，会引起学生的共鸣，最终调动学生的学习和参与意识，促进教学效果的提高。

二、综合性原则

日语教学的综合性原则指的是重视语音、语法、词汇的交互影响作用，进行综合教学。

第一，整句教学与单项训练相结合。由于日语教学是为了提高学生的语言应用能力，因此在教学中教师最好可以采用整句教学的方式。学生在学习到语言表达之后就能直接运用，有利于学生语感能力的提高。具体来说，整句教学的顺序是先教授简单句子，然后再教授较为复杂和长的句子，将整句教学和单项训练相结合。

第二，进行综合训练。语言学习是一个完整的整体，需要在教学中进行综合训练，也就是结合听、说、读、写四个部分。在大学日语教学中，听、说、读、写的培养是教学的主要途径，教师可以训练学生的多种感觉器官，保证四项技能训练的数量、比例、难易程度，从而使学生完成不同的学习任务。

第三，进行对比教学。由于语言的差异性，在大学日语教学中还需要进行对比教学，引导学生在语言使用中学习单词、语法、语音。这种对比教学的方式能够保证整体教学效果的提高。

三、循序性原则

语言的学习并不是一蹴而就的，大学日语教学也需要遵循循序性原则。具体来说，循序性原则要求教师做到以下几点。

第一，语言知识学习从口语过渡到书面语。日语学习主要包括口语和书面语的学习。教师在教学中可以先从口语开始，逐渐向书面语过渡。由于口语交际词汇较为简单，语句运用也比较轻松，会便于学生的掌握。可以说，口语技能的提高是书面语能力提高的基础。

第二，从听说技能的培养过渡到读写技能的培养。听说读写是日语的四项基本技能，应该全面发展。但是对四项技能进行分析，也要注意技能培养的顺序。其中，听说教学能够使学生掌握正确的发音和语言运用结构，从而为读写能力的提高奠定基础。教师在培养过程中，应该遵循先听说，后读写的顺序，从而便于学生长远语言能力的提高。

第三，语言知识与技能、使用语言的能力不断循环与深化。语言能力的培养总体处于螺旋式发展的过程，需要进行多次的循环，但这种循环不是单纯的重复，每一次重复都在前一次学习的基础上在深度和难度上有所提高。因此，教师应该注意从学生已有的语言知识和已经熟悉的语言技能出发，讲授新知识，培养新的技能。

在大学日语教学过程中，教师应该注意对学生已经掌握的语言知识和技能进行系统优化，在此基础上培养学生新的语言技能，教授新的语言知识。

四、灵活性原则

语言处于不断变化发展过程中，是一个充满活力的开放性系统。因此，大学日语教学也要遵循灵活性原则。

第一，教师的教学方法要有灵活性。日语教师在讲授语音、词汇、语法等语言知识和培养听、说、读、写、译等语言技能时要具体问题具体分析，根据不同内容要采取不同的教学方法。

第二，学生的学习方法要有灵活性。在大学日语教学中，教师需要积极探索符合学生学习规律和心理、生理特点的自主学习模式，从而帮助学生提高自主学习能力，使学生能够进行自我激励和监控，从而提高语言技能。

第三，语言使用要有灵活性。学习语言的最终目的是交流沟通。教师要通过自身灵活的使用日语带动学生使用日语。在课堂教学中，教师应尽可能多地用日语组织教学，使学生感到他们所学的日语是活的语言。此外，教师还可以通过灵活性的作业为学生提供灵活使用日语的机会。

第三节 日语教学评价

一、教学评价概述

教学评价是根据教学目标，通过测量、测验、观察等手段，收集学习者在教学过程中发生的变化信息，并做出价值判断的过程。

与教学评价相关的概念还有测量和测验。测量是以数学方法对事物进行的描述，而不关心其价值。测验是指特定的测量工具（如量表、试卷），教学评价往往以测验为工具对学习行为进行测量、收集行为变化的数据资料，以作为价值判断的依据，但评价还可以通过日常观察、谈话、作业分析等形式进行。

（一）教学评价的方法

教学评价可以通过测验、征答、观察提问、作业检查、听课和评课等方式进行。在具体实施评价时主要采取以下方法：

1. 绝对评价法

绝对评价法是在被评价对象的集合以外确定一个客观标准，将评价对象与这一客观标准进行比较，以判断其达到程度的评价方法。

绝对评价设定评价对象以外的客观标准，考察教学目标是否达成，可以促使学生有的放矢，主动学习，并根据评价结果及时发现差距，调整自我，具有明显的教育意义。

2. 相对评价法

相对评价法是从评价对象集合中选取一个或若干个对象作为基准，将余者与基准做比较，排出名次，比较优劣的评价法。相对评价法便于学生在相互比较中判断自己的位置，激发竞争意识。

3. 个体内差异评价法

个体内差异评价是以评价对象自身状况为基准，对评价对象进行价值判断的评价方法。在这种方法中，评价对象只与自身状况进行比较，包括自身现在成绩同过去成绩的比较，以及自身不同侧面的比较（如将学业测验结果与智能测验结果相比较，根据二者的相关程度确定学生的努力程度等）。

个体内差异评价法比较充分地照顾到学生的个性差异，力图减轻评价对象的压力。但是，它只是使评价对象与自身状况进行比较，既不是按照一定客观标准进行评价，亦无评价对象间的相互衡量，容易导致信度降低、学生自我满足，因此常与绝对评价、相对评价结合使用。

（二）教学评价类型

根据评价在教学活动中发挥作用的不同，可把教学评价分为诊断性评价、形成性评价和总结性评价三种类型。

1. 诊断性评价

诊断性评价是指在教学活动开始前，对评价对象的学习准备程度做出鉴定，以便采取相应措施使教学计划顺利、有效实施而进行的测定性评价。诊断性评价的实施时间，一般在课程、学期、学年开始或教学过程中需要的时候。其作用主要有二：第一，确定学生的学习准备程度；第二，适当安置学生。

2. 形成性评价

形成性评价是在教学过程中，为调节和完善教学活动，保证教学目标得以实现而进行的确定学生学习成果的评价。形成性评价的主要目的是改进、完善教学过程，步骤是：

（1）确定形成性学习单元的目标和内容，分析其包含要点和各要点的层次关系。

（2）实施形成性测试。测试包括所测单元的所有重点，测试进行后教师要及时分析结果，同学生一起改进、巩固教学。

（3）实施平行性测试。其目的是对学生所学知识加以复习巩固，确保掌握并为后期学习奠定基础。

3. 总结性评价

总结性评价是以预先设定的教学目标为基准，对评价对象达成目标的程度即教学效果做出评价。总结性评价注重考查学生掌握某门学科的整体程度，概括水平较高，测验内容范围较广，常在学期中或学期末进行，次数较少。

另外，按评价所参照的标准划分，则包括目标参照评价和常模参照评价。

（三）教学评价原则

1. 客观性原则

客观性原则是指在进行教学评价时，从测量的标准和方法到评价者所持有的态度，特别是最终的评价结果，都应该符合客观实际，不能主观臆断或掺杂个人情感。因为教学评价的目的在于给学生的学和教师的教以客观的价值判断，如果缺乏客观性就失去了意义，从而导致教学决策的错误。

2. 整体性原则

整体性原则是指在进行教学评价时，要对组成教学活动的各方面进行多角度、全方位的评价，不能以点代面、一概而论。由于教学系统的复杂性和教学任务的多样化，使得教学质量往往从不同的侧面反映出来，表现为一个由多因素组成的综合体。因此，为了反映真实的教学效果，必须把定性评价和定量评价综合起来，使其相互参照，以求全面准确地判断评价客体的实际效果，但同时要把握主次，区分轻重，抓住主要的矛盾，再决定教学质量的主导因素。

3. 指导性原则

指导性原则是指在进行教学评价时，不能就事论事，而是要把评价和指导结合起来，要对评价的结果进行认真分析，从不同的角度找出因果关系，确认产生的原因，并通过及时的、具体的、启发性的信息反馈，使被评价者明确今后的努力方向。

4. 科学性原则

这条原则是指在进行教学评价时，要从教与学相统一的角度出发，以教学目标体系为依据，确定合理的、统一的评价标准，认真编制、预试、修订评价工具；在此基础上，使用先进的测量手段和统计方法，依据科学的评价程序和方法，对获得的各种数据进行严格的处理，而不是依靠经验和直觉进行主观判断。

5. 发展性原则

教学评价是鼓励师生、促进教学的手段，因此教学评价应着眼于学生的学习进步和动态发展，着眼于教师的教学改进和能力提高，以调动师生的积极性，提高教学质量。

（四）教学评价的功能

1. 诊断教学问题

通过教学评价，教师可以了解自己确定的教学目标是否合理，教学方法、教学手段的运用是否得当，教学的重点、难点是否讲清，也可以了解学生在知识、技能和能力等方面已经达到的水平和存在的问题，分析造成学生学习困难的原因，从而调整教学策略，改进教学措施，为教师的教学和学生的学习指明方向，有针对性地解决教学中存在的各种问题。

2. 提供反馈信息

教学评价的结果，不仅可以为教师判定教学状况提供大量的反馈信息，而且也可以为学生了解自己学习的好坏优劣提供直接的反馈信息。

对于教师而言，教学评价提供的反馈信息可以帮助他们及时获得有关教学过程各个方面的详细情况，发现自己工作中的薄弱环节，在此基础上修正、调整和改进教学工作。

对于学生而言，一般说来，肯定的评价可以进一步激发学生的学习积极性，提高学习兴趣；否定的评价则可以帮助学生看到自己的差距，发现错误及其"症结"之所在，以便在教师的指导下"对症下药"，及时纠正。

3. 调控教学方向

在教学过程中，教学评价的内容和标准往往会成为学生学习的内容和标准，从而影响学生学习的方向、学习的重点以及学习时间的分配。教师的教学方向、教学目标、教学重点的确定，教学策略和教学方法的选择也要受到评价内容和评价标准的制约。如果教学评价的标准和内容能够全面反映教学计划和教学大纲对学生的要求，充分体现学生全面发展的方向，那么，教学评价发挥的导向作用就是积极的、有益的，就会有利于学生的学习。否则，就有可能使教学活动偏离正确的方向。

4. 检验教学效果

在教学活动中，教师的教学水平和教学效果如何，学生是否掌握了必备的基础知识和基本技能，预定的教学目标是否实现，这些都必须通过教学评价加以检查和验证。对于学生学习结果的评价。

二、教师实施的日语教学评价

(一) 教师实施评价的原则

作为高等教育的日语教育工作者、学生学习的指导者和评价者之一（注：另一个评价者应该是学生自己）的教师，也要以发展的眼光评价学生学习，明确以下几个观点：

1. 评价的目的是为了培养高素质人才

提到评价首先要明确的是"为什么而评"的问题。前面提到的考试成为评价的主要手段，其根源就在于"甄别""选拔"成为评价的最终目的，由此导致偏离教育目标的"应试教育""英才教育"现象的出现。国际上许多发达国家通过立法确立人才的培养目标。这就要求我们在实施学习评价时把培养高素质人才作为最终目标，无论是基础教育还是终身教育，人的素质培养应该是教育的起点和归宿。在日语教学中的评价也要遵循全面素质教育原则，不完全以分数论英雄。要善于发现学生在学习方面的特点、长处，因势利导，为培养高素质人才服务。

2. 明确评价者和被评价者的关系

摆正教师与学生之间的关系是实施评价的前提。大学生在生理上、心理上已近成熟，他们有一定的知识积累、交际经验、学习方法；对事物有个性化的认知能力；这在日语教学中应该成为教学顺利进行的积极因素，要充分调动与发挥这些因素，把学生看成是积极学习的主体，承认学生主体意识的独立性，不能把学生看成是完全由教师决定的因变数。教师在教学中的作用为外部影响，是不会自动地化为学生的学习意识，必须以学生自身活动为中介，才能使外部影响纳入学生主观意识中去。因此教师的主导作用就在于发挥学生的主动性，当这种主动性最大限度地发挥出来时，学生会逐步脱离教师的指导和影响，从事独立的学习和自我修养，实现自我学习、自我发展。发挥教师的主导作用和发挥学生的主动性是现代教育的一条基本原则。这种原则应体现"在教师的主导作用下，充分发扬教育民主，发挥学生的主动性"的师生关系特征，教师不再凌驾于学生之上，而是要了解学生特点，乐于帮助学生成长，并且能够获得学生认同，建立互尊互爱、民主平等的师生关系，这样教师对学生实施评价时才会客观、全面、公正，容易被学生接受。

3. 评价标准的多元化，使评价成为学生终生学习的动力

美国哈佛大学著名心理学家霍华德·加德纳教授的多元智能理论提出评价

多元智能的方法必须符合三个标准①：

（1）必须是"智能展示"的评价方法，不是通过语言和逻辑数学能力的间接表现来判断，通过系列评价提出建议，发现学生擅长的领域。

（2）必须有发展的眼光，根据学生的不同发展阶段提出发展方案。

（3）它必须和推荐相关联。多元智能所主张的教育评价应该是多渠道、采用多种形式、在多种不同的实际生活和学习情景下进行的。

评价的过程应该是向学生提出建议，使学生根据教师所提供的信息加强弱项，结合强项满足学习的需要。按照这一理论要求，学科分数不代表一切，要尊重个性，强调学生学习的个别差异，以开放、平等的观点代替"中心和等级"。后现代主义教育思想关于课程的认识也是主张课程组织不拘泥于学科界限，而向跨学科、综合发展；课程从积累知识走向发展和创造知识，教学不能用绝对统一的标准去度量学生的学习水平和发展程度，要给学生的不同见解留有空间；评价不仅要注重结果，更要注重过程，评价不仅仅是对现时学习的价值判断，更应该是开展下一步学习活动的逻辑起点，使之成为促进学习的动力。

（二）教师在日语教学中的评价失误

评价学生是教师在课堂教学和课下与学生交流时的一项经常性工作，包括学习评价、测验评价、人格评价、学习态度评价等。分析教师在实施评价中自觉或不自觉出现的误区，其目的是为教育实践活动提出警示。

（1）会话练习中打断学生的日语表述，纠正语法或词汇错误。（认为语法功能重于语言的交际功能）

（2）为完成教学任务，赶进度讲完教学内容。（认为学习好坏与信息量成正比）

（3）对学习成绩较好或较差的学生有较多的关注。（以分数评价学生的优劣）

（4）对学生课堂教学以外的学习内容的指导缺乏足够的耐心。（认为对教材的学习才是学习）

（5）课堂教学的设计对问题的关注过细，对思维的容量考虑过少。（认为对知识的传授就是教学）

（6）课堂训练上以记忆为目标的训练过多，让学生形成以记忆代替思维的习惯。（认为机械记忆是提高日语水平的有效武器）

---

① ［美］霍华德·加德纳．沈致隆译．多元智能［M］．北京：新华出版社，1999：247.

（7）认为分数是评判学生的唯一标准。（对人才评价标准单一）

（8）认为学生对教师应该怀有敬畏心理，严格按教师的要求去做。（知识本位主义，给学生带来心理压力）

（9）教师、学生的共同的奋斗目标是尽可能多的掌握知识。（大学成为"知识加工厂"，学生成为"知识容器"）

（10）期待学生对提问的回答与教师保持一致。（评价标准片面）

上述内容只是列举出有代表性的评价误区，在这样的教育环境中成长起来的"人才"只会成为擅于考试、听话顺从、被动接受、没有指引不知如何学习的"人才"。在面向 21 世纪的世界性教育改革中，个性化学习、自主学习、教育的人本论、人才培养的发展性目标等观念被广泛倡导，这样的学习评价观念与评价方法显然已经不适应时代的要求，必须进行变革更新。

（三）日语教师实施评价的策略

期望 X 价值的动机理论表明，为了激励学生学习，必须帮助学生评价学习活动的结果，并且使学生确信，只要做出适当的努力就能获得成功。评价还要不以教师个人好恶为准绳，听取学生的自我评价和其他教师的评价结论，从而做出客观、公正的评价。

但是，由于在具体的课堂教学过程中，有时评价行为是突发的、简单的，不加思索脱口而出的，有时不能兼顾到学生的自我评价或他人的评价，从教育评价的科学性来说，针对突发性的学习评价还要注意到以下几点：

1. 课堂教学中的评价技巧

（1）创造平等自主的课堂氛围，减少学生的学习焦虑，使学生不会担心因为出错而受到批评或嘲笑。

（2）给学生创造挑战困难的机会，激发学习积极性，使评价内容更具体。

（3）让学生也了解教学目标、内容、评价的基准等，明确努力的方向。

（4）灵活运用课堂竞赛、小组讨论等教学手段，激发学生的参与意识，为学生获得多渠道评价结论，为同学评价等创造条件。

（5）评价语言要针对事实，不要含混不清。例如："这篇课文朗读时有几处断句有误，应该读成……"的评价就比"读得不好，要认真练习"更有效。

（6）多进行集体性评价，一来保护个别学生的自尊心，还可以为其他学生的学习提出警示。

（7）注重课堂上与学生之间的交流，注意学生表情、眼神等的信息反馈，把握学生心理动态，及时做出调整或指示。

2. 课外作业的评价技巧

（1）经常面批作业，对症答疑。

（2）忽略分数，重视正误，鼓励创新。

（3）对开放式学习持鼓励态度。

（4）对学生研究式学习提供必要指导。

3. 师生交流中的评价技巧

（1）指导学生正确归因，补拙固益，让学生能够真正理解教师评价的依据和作用。

（2）评价时参考其他人以及学生自我的评价结论，从纵向与横向两方面进行评价。

（3）注重学生自我评价的反馈信息，反省教师做出的评价是否有不完善之处。

三、学生日语学习的自我评价

（一）自我评价基准的选择

关于如何评价的问题目前没有统一的认识，是绝对评价好还是相对评价好，肯定性评价好还是否定性评价好，是教师评价好还是学生自我评价好，是百分制评价好还是五分制评价好，这都要看评价的目的和基准究竟是什么，评价是否严密，是否准确无误。我们在自我评价时要结合学习现状，选择对某一阶段的学习最有帮助的评价手段，来自我监控学习。

关于各个评价基准与学习者学习的关系，由于评价的观点、方法的不同，导致的评价效果也有差异。只有有效发挥评价的正效应作用，避免负效应的影响，评价的作用才真正发挥出来。下表可以帮助我们有效认识这些评价手段，为获得学习成就提供参考。

表 各种基准的评价及对被评价者的影响①

	评价的基准	评价的观点	正效应可能性	负效应可能性
相对评价	集团内他人的成绩	优或者劣	从与他人的关系中能够客观地认识自我	容易成为欠缺协调性的处处要尖型人。
到达度评价	外在的客观的到达标准	目标达到与否	掌握自我教育的机制	绝对看重要到达的目标体系，容易成为欠缺丰满、余力的人
绝对评价	教师头脑中的固有基准	是否符合教师的眼光	能成为符合教师的教育观的人	盲目服从教师权威或对教师的不信任
个人评价	受评价者以前的状态	能否看到他比从前进步了	能够形成按自我步调不断进步的习惯	容易形成自以为是、沾沾自喜的自我满足习惯。

（二）自我评价的五个阶段

随着教育制度的改革，自我教育能力的获得已经被纳入教育目标中。作为自我教育能力获得的手段，自我评价自然备受关注。不关心学生的教师或者站在性恶论立场者主张没有比自我评价更不切合实际的了。即使不是站在性恶论立场，教师的评价与学习者自我的评价也往往有很大差异，许多教师感到学习者的自我评价不可信。但是，自我评价不会为教学活动带来负效应也是不争的事实。也许自我评价在知识、理解、技能的认知，感觉运动等方面欠缺可信度，但是在兴趣、关心、态度以及自我意识等方面还是发挥着重要的作用。

对于自我评价的阶段，应该遵循"回顾""克服自以为是""分析式的自我理解""通向自我效能感和自信的契机""对自我下一阶段学习的展望和决心"这五个顺序不断提高自我评价水平和要求。

第一阶段："回顾"。可以采用记录自我满足程度、按照评价尺度评价等方法。

---

① 王琪. 日语教学理论及策略 ［M］. 北京：外语教学与研究出版社，2017：203.

第二阶段："克服自以为是"。需要学习者参考他人评价的结果，通过与教师或同学交谈，听取他人的意见。

第三阶段："分析式的自我理解"。要求不要总是强调个人理由，总是考虑自己好的一面，还要认真分析自己的不足之处。

第四阶段："通向自我效能感和自信的契机"。这有益于自我效能感和自尊的情感等肯定的自我意识的获得，但它并不是自我评价的目标，评价的目标要参照教师评价的结果和学生自我评价的结果，创造一个互相交流的契机，从而得出下一个阶段的提高目标。

第五阶段："对自我下一阶段学习的展望和决心"，也可称为自我教育能力，是自我向着既定目标行动、努力的评价阶段。

参照自我评价的五个阶段，制定适合自己的评价方法，不仅对于日语学习，对终身学习来说也有重要意义。

第四节　日语课堂教学质量提升对策

在竞争日趋白热化的今天，以质为本、以质取胜已成为一个核心主题，对于所有高校来说也是同样。教育教学质量是学校的生命线，教育教学质量的提高已成为学校走向成功的关键，培养创新型人才更成为当务之急。对于日语专业的学生来说，他们是否能够成为创新型日语人才，是否能够在竞争大潮中占有一席之地，高校的日语教育教学水准起到了至关重要的作用。

国家一直大力倡导实施素质教育，培养高素质创新型人才。创新型人才是各大院校在人才培养上是否成功的重要指标之一，教书育人是教师的天职，为社会培养高素质创新型人才是每位高校教师的义务，是各大院校的使命和责任。这就要求每位教师必须从提高自身素质做起，不断研究与探索提高教育质量整体水平的良方。

一、提高日语教师自身素质

从微观上说，日语教师自身素质的提高是适应时代需求，迎接日语教育、教学改革挑战的首要条件。只有创新型日语教师才能培养出创新型日语人才，因此急迫要求高校日语教师具有创新性的日语教育教学理念和完善的日语知识能力结构。

（一）具备创新性的日语教育教学理念

有人将教师分为两类，一类是用自己的教学方法去筛选自己认为符合并适合该教学方法的学生，这些学生被该教师划分为优等生，同时也筛出了一部分不适合自己教学方法的学生，于是产生了教师心中的不合格生、差生；另一类则是教师将所有学生的特性、特点进行研究分析，然后去寻求符合并适合学生的教学方法，从中筛选并剔除一部分不符合、不适合自己学生的教学方法，进而不断改进教学方法，做到因材施教，培养学生的同时提高自己。显而易见，如能拥有一个如后者一样的教师，可谓学生之大幸，学校之大幸。教师要肯于蹲下身来，从学生的角度看学生的所思所见所想，肯与学生交流，力求探索每位学生心灵深处的奥秘，挖掘每位学生独特的闪光点，使其发光发亮。

具备正确的教育教学理念，是为人师的基本，而创新性的教育教学理念对教师来说无疑是一个更高的挑战。树立创新性日语教育教学理念是为了要培养出具有创新意识、创新精神和创新能力的日语人才。当代日语教育已不允许教师停留在单纯的照本宣科的教学上，日语教师的真正价值体现在是否能够激发学生学习日语的自主性，激发学生的日语求知欲望上。必须改变以教师为中心的教学模式，转变为一切以学生为中心的教学模式，坚持"学生中心论"这个理念。

现代经济社会以现代科学技术为主要支撑点，所谓的现代科学技术本身就是一种创新，是以创新型综合性人才为支撑点的。这就要求日语教师需以知识和技能的传授为载体，依据日语专业学生的专业特点和个性特征，培养日语专业学生的综合素质和实践应用能力，并根据日语专业学生的个性差异设计多元的评价体系，为日语专业学生的成才和成长创造更好的育人环境，不断地提高高校的教学教育质量。教师认真倾听学生的心声已成为日常教学中的关键，通过启发教育，潜移默化地将学生各自鲜明的个性导向正确的方向是教学工作的重要环节。高校教师需积极营造充满生机活力的课堂教学氛围，将课堂变成师生互动的场所，激励学生迸发创造的热情和火花，令学生主动地将自己的思考、灵感及兴致投入课堂活动中去，使课堂教学变成一个呈现出丰富性、知识性和趣味性的舞台。所谓的创新性不是凭空想出来的，国外不乏众多先进的教育理念，这些都可以成为学习的捷径，我们应取人之长为己用，并在日语教学实践中不断改进，逐步探索出一套自流派的创新性日语教育理念，培养出大量创新型日语人才。

（二）具备完善的知识能力结构

日语知识能力结构可以理解为日语知识结构和日语能力结构的综合。具备完善的知识能力结构是对当代高校教师的高要求、高标准。"满腹经纶"作为一个褒义词如用在教师身上，则是对该教师的学问和才能的认同，但教师更重要的使命是"传道、授业、解惑"。日语教师不仅要具有丰富的专业知识、科研知识，还需具备其他与日语教育相关联的理论知识和实践知识，以及从事日语教育活动所必须具备的各项业务能力。这其中不仅包括富有表现力和说服力的言语能力，能够根据学生的不同情况或意外情况，随机应变的应对能力和因材施教的能力等，在当今国际化、信息化的社会中，高校日语教师还需要具备信息技术能力和其他能力，并且必须树立积极向上的终身学习观，来随时应对未来社会对教师的需求。与此同时，高校日语教师更要将这一理念言传身教地传授给学生，培养日语专业学生终身学习的理念和习惯，为他们日后走向社会打下扎实的基础。日语教师综合能力的提高直接影响日语专业学生的成长，日语教师的能力结构是培养创新日语人才的关键，这一简单的道理不言而喻，需要全体日语教师共同努力。

各大高校为提高日语专业学生的就业能力，大力鼓励学生参与社团活动，旨在提高日语专业学生的实践水平。对学生尚且如此要求，又何况是教学育人的日语教师呢。随着素质教育观念的提出，"实践能力"日益成为高校教育研究中的又一热点话题。日语教师的知识结构不是单靠自身的学习和刻苦就可以完善的，而是要借助实践活动这一载体进行。日语知识能力结构的完善与综合素质的提高皆源自实践活动，同时体现出实践能力水平。因此高校日语教师应尽可能地积极参与社会和企业组织的各项实践活动，在直接获得宝贵实践经验的同时，借助各种媒体间接汲取广泛经验；通过开阔视野和培养自身的前瞻精神，做到及时把握社会最新发展趋势和本学科学术动态，提高对创新性命题的敏锐程度。教师需要通过实地演练、经验收集、技术训练，在实践中通过长期体验、反思、总结、评判、感悟和领会，不断提高自身的素质，逐步将知识能力结构进行合理整合，只有这样才能在日语教育教学实践中更好地培养高素质创新型日语人才，才能更好地服务于日语专业学生，协助日语专业学生共同成长。

二、提升日语教学环境整体水平

宏观地说，日语教学环境整体水平的提升是各大高校免于淘汰、赖以生存和发展的基本，也是高校培养创新型人才的核心，是教育教学的生命线。

（一）高质量日语教学团队的培养

高质量日语教学团队的培养是搞好日语教育教学质量的关键，只有优秀的日语教学团队才能教出优秀的学生，才能培养出创新型日语人才。高质量日语教学团队要求每位日语教师都要有前沿的教育理念、丰富的文化知识、熟练的教学能力以及积极进取、不断探索和无私奉献的精神，日语教师只有全心奉献才能创造出优异的日语教育教学成果。在日语教学团队中，专业带头人起到举足轻重的作用。它要求日语专业带头人必须具有一定的学术造诣和创新性学术思想，具备组织管理和领导才能，善于整合与利用社会资源，有效地管理教学团队，使其成为具有强大凝聚力和创造力的团队。

从校方来看，要培养一支优质的日语教师团队，首先需要创造一个良好的育人环境，为日语教师提供走出去学习的机会，积极鼓励日语教师继续深造和学习，不断开阔视野，将所学日语知识结合本校实际，有针对性地开展日语教育教学研讨，集思广益，共同探索日语教育教学新方法，这样不仅可以达到提高日语教师的教学能力的目的，还可以借此增强日语教师之间的情感交流，提高日语教学团队的凝聚力。一个和谐、奋进、有朝气的日语教学团队的形成，决定该校的各项工作能够朝气蓬勃地开展，从而培养一大批朝气蓬勃、积极向上的优秀创新型日语人才。

（二）良好日语学习环境的营造

学习环境对人的言行具有强烈的暗示作用，可起到引导行为和方向的导向作用。各国在纷纷采取措施加强对高等教育质量的控制时，深刻地意识到学习环境对学生发展和成长产生着重要影响。为此，各国提出了利用对学校学习环境的评估来控制教学教育质量的众多举措。为日语专业学生营造一个良好的学习环境是日语教育教学质量提高的保证。

高校不仅是一个社会文化的传播者，同时还是一个社会文明的传播中心，是培养创新型日语人才的坚实基地。从校方来说，应该强烈阻挡和制止社会的各种不良现象，首先要从学校内部入手，及时准确地做好学生的思想教育工作，加强对学生的管理和控制，增强学生判断是非和自我控制的能力。同时，学校要为学生营造一个良好的学习环境，将学生的兴趣和爱好放在学习上。学校可根据自身情况努力构建和谐校园文化，搭建互联网和远程教育网，选择适合本校实际的优质教育资源，建立校园网，建立网络教室，给教师和学生探寻学习资料提供广阔的空间，创建学习和借鉴优质教学资源的平台。搭建各式平台可以拓宽师生视野，拓展师生思维，增强师生的创新能力，提高学生学习的自主性和灵活性，为教学优化注入新活力。学校通过行之有效的教育管理方法，增强全校师生的和谐校园文化的自觉意识。一个良好的学习环境，一个和谐的校园文化，能够激发校园内每位学生潜能的发挥、特长的展现，使其个性得到全面和谐的发展，有助于培养具有鲜活个性的应用型人才。

（三）社会和家长的支持

作为教育的三大支柱的家庭教育、社会教育和学校教育应相辅相成，互相配合，互相辅助，缺一不可。家长是学生的第一任教师，家庭教育是学校教育的重要补充部分，也是学生身心健康发展的重要因素。随着高校素质教育的不断深入发展，校方应有效地利用社会和家长作为进行教育指导和服务的载体，寻求社会和家长的大力配合，使其成为沟通学校教育、家庭教育、社会教育的重要渠道，为提高教育质量发挥功效。

为使学校、社会、家长三方友好配合，学校必须加大力度致力于处理好与社会、家长的关系。学校有必要对每位学生的家庭背景有所了解，做到有的放矢地关心学生的身心健康，及时与家长进行交流。首先要让家长认识到子女接受高等教育的重要性，使家长主动协助学校进行有意义的健康教育。为了让家长更好地、及时地了解学生在校的学习状况、心理状况、行为表现，各小学经常举办的"家长开放日"活动无疑是个好办法。但不是所有院校都能像小学一样实施此项活动，众多客观条件的约束使该项活动无法统一进行，那么各学校可以将每一个教学日都定为"开放日"，向家长和社会打开欢迎的大门，欢迎家长和社会各界随时参观和监督，让他们及时了解学生在校的实际状况，争取家长和社会各界的积极配合。这种开放性政策有利于拉近学校、家长、社会的距离，增强家长对校方的信任；院校应谦虚听取家长和来自社会各方的建议，致力于优质资源的选用。教育教学堪称一门艺术，教师和家长的良好合作有利于培养学生良好的学习和生活习惯，帮助学生成长；同样，教师在解决和帮助各类困难学生的实践中，也提高了教育教学水平。教师、家长、社会三方之间应协力架起信任、友爱的桥梁，共同努力创建一个民主平等、公平合理、和谐互爱的互帮互助关系，共同探讨和研究培养应用型人才的良方，只有这样教学环境整体水平才会得到大幅度的提升。

第二章 日语教学内容概述

在日语教学中，日语教学内容的选择对日语教学能够产生较大的影响，本章首先分析了日语教学内容的概念和分类，接着进一步分析了日语教学内容的选择，最后分析了日语教科书的定位及其他教学资源。

第一节 日语教学内容的概念和分类

一、日语教学内容的概念

人类经历了漫长的历史，在不断劳动、不断探索中积累了涉及人类生活各方面的丰富的经验和知识，这些知识需要传承，所以就成了学校教育的内容。日语教学也是如此，提到教学内容，往往首先想到的就是日语知识。

经验告诉我们，不具备观察、思考、判断、想象、表达、鉴赏、操作、创造等能力和技能，就不能掌握知识；不提高应用已有知识解决各种各样问题的能力和技能，知识也不能在实际生活中发挥作用。因此，发展获取知识的能力和技能是教学的重要内容。

同时，教学是教育的有力手段。学生通过学习各方面的知识会形成有关人生的认识、见解，最终形成自己的世界观、人生观、价值观，即学生所接受知识会对他的"三观"、政治态度和道德修养产生重要影响。培养正确的"三观"、科学的生活态度、优良的道德修养也应该是教学内容之一。

还有，学生以什么方式进行学习对学生的学习态度、处事方式和性格都有重要影响。因此，引导学生改善学习方式，掌握终身学习的方法，从而形成良好性格并处理好同学关系，为学生走上社会做准备也是重要的教学内容。

总的来说，教学内容的总体概念应该包含上述几个方面，而不仅是知识的传递。因此，《中国大百科全书·教育》给"教学内容"做出如下定义：教学内容是学校给学生传授的知识和技能，灌输的思想和观点，培养的习惯和行为等的总和，也叫作课程①。

《中国大百科全书·教育》最早出版于 1985 年，1992 年再版中的"教学内容"与 1985 年版一样。"教学内容"这个词条是我国出版的第一部《课程论》的作者陈侠执笔的。陈侠明确了最早的教学内容和逐渐丰富起来的教学内容，并指出"中国现在把规定教学内容的文件称作教学计划、教学大纲和教科书，它们是教学内容的具体化。"②

日语教学是整体教学中的一个学科，日语教学内容有自己的特殊性，也有各个学科都有的共性。这里将日语教学内容定义为：国家教学（课程）计划、日语教学大纲或课程标准规定的，需要学校在日语教师与学生开展教学互动过程中引导并帮助学生学习和逐步形成的日语学科素养。

日语教学内容在日语教育体系中居中心地位，日语教育的目的必须依靠一定的教学内容来体现和实现，日语教学方法、教学组织形式等也都受日语教学内容的制约并为教学内容服务，日语教学质量、教学水平和学业标准也要以日语教学内容实现的情况来加以评定。

二、日语教学内容的分类

日语教学内容是学生在校期间需要学习和逐步形成的日语学科素养，它包括什么，又如何分类呢？这个问题长期以来很少有人认真地思考和研究过，日语教学内容的分类基本上是继承前人的做法，凭经验判断形成的。然而，随着社会和日语教学事业的发展，日语教学内容越来越丰富，甚至超越了日语学科本身。因此，有必要对其做一个梳理。

（一）日语知识

我国早期的日语教育可以追溯到清末。从当时出版的日语教科书可以看出，那个时候的日语教育以传授日语知识为主。而所谓传授日语知识最初就是学习日语词汇，如第一本被认为是中国人编写的日语教科书《东语简要》（作者为玉燕居士，1884 年发行。从内容结构等看，称之为教科书非常勉强），基本上就是一本词汇集。后来，语音、语法和日语文字也被写入教科书，如《东语入门》（陈天麒编纂的可以称作教科书的日语教材，1895 年以石印本发

---

① 中国大百科全书总编辑委员会《教育》编辑委员会. 中国大百科全书：教育 [M]. 北京：中国大百科全书出版社，1998：155.

② 桑弘. 校长知识小百科 修订版 [M]. 北京：教育科学出版社，1998：713.

行），其中出现了"伊吕波歌"和五十音图，还有词汇和短句。随后读本类、会话类、语法类等教科书相继问世。由于清末学习日语主要是为了阅读日文，并通过日文转译其他语言的书籍，所以很多学习者追求日语速成。他们从"书同文"的认识出发，坚信只要掌握语法规则，颠倒、钩转词语位置就能将日文资料翻译成汉语。为此，清末时期的日语教科书中，语法类的比重最大，语法也成为日语知识的重中之重，长期在我国日语教学中占据主导地位。其实，日语文字也是日语知识的一部分，然而日语汉字因为是中国人学日语时的长项，所以往往被忽视，或被归为词汇处理。直到现在，说到日语知识，公认的最基本的要素还是语音、词汇和语法。

（二）日语技能

日语技能是我国日语教育长期以来的"双基"之一，这与我国提出基本知识和基本技能的"双基"教学理念有紧密联系。"双基"教学起源于 20 世纪 50 年代，20 世纪 60 年代至 20 世纪 80 年代得到大力发展，20 世纪 80 年代之后不断丰富完善。从日语教学大纲中，可以清楚地看到日语双基教学的历程。因为我国教学历来是以纲为本，双基内容被大纲所确定，双基教学也来源于教学大纲的导向。在双基教学理论的指导下，学习一门外语不能只掌握语言知识，还必须掌握一定的语言技能。日语教学大纲中对日语知识和技能要求的演进历程呈现出日语双基教学理论的形成轨迹，日语双基教学随着日语教学大纲提出的要求得到不断加强。

日语技能一般指听、说、读、写这四种基本技能。然而我国早期的日语教学重阅读而轻口语，这不仅是因为当时学习日语的主要目的是为了翻译资料，还有客观条件上缺少语言环境、缺少专业的日语教师等诸多原因。不难看出，清末只有日本人编纂的日语教科书比较重视口语交际，如长谷川雄太郎编写的《日语入门》（1900 年由关东同文馆刻印刊行，另有 1901 年日本善邻书院的石印刊本）；民国时期，在基础教育阶段，一些学校使用的日语教科书之所以重视听、说，是因当时日本占领的地区的日语教育着力推行直接教学法，即不允许使用母语，要求用动作、图画等直观手段学习词语。中华人民共和国成立之初的日语教学，根据实际需要，外语教学界曾有"听、说领先，读、写跟上"的提法，也有"四会并举"、相互促进的主张。虽然，高校日语专业或职业教育中有翻译技能教学，进而有听、说、读、写、译的提法，但最基本的技能仍然指听、说、读、写这四项。

作为双基教学内容，日语知识和日语技能既相互独立又相辅相成。因为语言交际有口头和书面两种形式。人们开展语言交流时，必须通过有声语言

（听和说）或者文字记录的语言（读和写）进行。没有一定的语言知识或语言技能作为基础，就不可能实现这两种形式的交流。特别在基础教学阶段，日语语言知识的学习必须在听、说、读、写活动中开展并得以巩固，而听、说、读、写同时是提高语音、词汇、语法等基础知识教学质量的可靠保证。这可能就是日语知识和日语技能长期以来成为日语"双基"教学内容的根本原因吧。尽管如此，从我国 21 世纪以前的日语教学大纲来看，语言技能多列为教学目标要求，而列入教学内容的主要是日语知识。

（三）功能意念

长期以来，我国日语教学内容规定的主要项目是语音、词汇和语法，也包括一些惯用型或句型。这种现象在 20 世纪 80 年代末期发生了重大变化。

20 世纪 80 年代初，我国的外语教学蓬勃开展，一些外语教材风靡全国，一些外语教材的编者如路易·亚历山大被邀请到中国讲学。路易·亚历山大是欧洲文化合作委员会主持和制定外语教学大纲的参与者，也是"功能—意念法"的积极推广者。他在中国的讲演报告录音被整理、翻译成汉语，归纳为《语言教学法十讲》，由科学技术文献出版社于 1983 年出版，对中国的外语教学产生了很大影响。

功能意念法是以社会语言学、功能语言学和心理语言学为理论基础，是注重培养交际能力的外语教学法，是世界范围内影响较大的外语教学法流派。功能意念法产生于 20 世纪 70 年代初的欧洲，从分析学习者的实际需要出发，以发展学习者运用语言进行交际的真实本领为目的。功能意念法主张以功能意念为纲，交际为目的和手段，组织全部外语教学。这种教学思想也影响了我国的日语教学。交际教学法以语言行为而不是语言形式为出发点，教学内容是依据学习者的学习目的来选取和安排的，而不是像传统方法那样以语法为纲。可是，经过一段时间的实践，人们发现情景教学也不是尽善尽美的，例如情景远远包括不了所有交际所需的语言行为，也无法作为学习者学会表达具体情感、理性态度和一些常见的概念所需的语言形式的载体。

功能意念表或交际项目在教学大纲中的从无到有，反映出中国日语教育从重视语法规则到重视交际能力培养的重要变化；然而，由于功能意念项目的分级不够科学，功能性太强而系统性不足，对如何解决结构与功能的有效结合等问题存在局限性，而且功能意念项目与语法项目往往出现重叠现象，所以在日语教学实践中存在不少亟待解决的问题。因此，一些日语的课程标准规定的教学内容中取消了存在多年的交际用语相关附录，强调以主题为引领，不主张死记硬背词汇、语法和表达方式，而更加注重理解和表达的内容。据了解，取消交际项目的主要原因有三个：一是缺少选择依据，交际项目中罗列的是一些句子，一旦脱离语境则变数比较大；二是交际项目没有止境，数量和难度难以把握；三是原"交际用语"部分条目与语法条目重合。

（四）文化素养（文化理解）

语言与文化不可分割。然而初期的语言教学基本上局限在语言本身，忽视了语言文化教学。随着交际教学思想的传播，人们慢慢地认识到，接触和学习一门外语需要站在外国人的思维、历史角度等去体会他们的文化。不过，文化是个很宽泛的概念，对于日语教学来说，如何界定相关教学内容，是必须思考的问题。

目前，我国很多日语课程的标准都相应地增加了一些教学的内容，这些教学内容的增加对培养学生的交际能力和提高学生异国文化理解能力都具有重要的意义，也呈现出日语教学内容随着时代发展变化的轨迹。

（五）情感态度和学习策略

进入 21 世纪，我国的日语课程标准都确立了培养"综合语言运用能力"这个总目标，除了语言知识、语言技能、文化素养，还关注学生的情感态度和学习策略，而且将情感态度和学习策略定位为形成综合语言运用能力的两个不可或缺的方面。因为情感态度是影响学生学习和发展的重要因素；学习策略是提高学习效率、发展自主学习能力的重要保证。这是以往日语教学大纲不曾提及的，是新增加的教学内容。

情感、态度都不是凭空产生的，必须以学生的言语实践过程做基础，任何省略过程的学习都不会让学生真正产生情感、态度乃至形成正确的价值观。只有积极的情感体验和全身心参与才有助于学生保持学习日语的内在动机和兴趣，以较强的自信心和坚定的意志，学会与他人合作并相互促进，增强祖国意识，开阔国际视野。学习策略也与情感态度一样，是进入 21 世纪以后同时被写入日语课程标准的，这种做法是为了让学生改变学习方式，学会自主学习，提高学习效率，具备终身学习的能力。

情感态度和学习策略成为日语教学内容的一部分，不能不说是一种跨学科的拓展，而且还设置了下位分项和具体的内容标准，使课堂教学有依可循。

（六）话题/主题

21 世纪初出版的日语课程标准都提倡通过围绕话题完成交际性任务等方式开展多种教学活动，因此，首次将"话题"列入附录。这一变化是为了更好地培养学生的交际能力，通过选择符合学生年龄和心理特征的话题，帮助学生开展接近实际的学习活动，使交际性任务目标更加明确，内容更加具体、实用，交际教学思想也更容易落到实处。我国一些日语课程标准已经将"话题"提升为"主题"，提出主题是围绕人们的生活、学习和工作的某一范围展开的内容，是情境创设的线索和开展日语实践活动的内容基础。在教学指导性文件中列入"话题"、规定"主题"，都是以往教学大纲不曾有过的。这体现出交际教学思想的进一步深入，要求日语教师通过创设与主题内容密切相关的情境，充分挖掘特定主题所承载的信息，设计与主题相关的问题和任务，激发学生参与学习活动的主动性，帮助学生提高日语的理解和表达能力，拓宽视野，形成多文化视角，增强思维能力。

第二节　日语教学内容的选择

一、日语教学内容选择的制约因素

选择日语教学内容是一件非常重要的事情。基础教育有众多学科，每个学科都在同一学习阶段得到一部分课时，这些课时分配到每个学科的不同学年、不同学期，甚至每一节课都是十分有限的。在这样有限的时间内，一个学科选什么教学内容更有利于学生全面发展，需要经过科学思考和验证才能确定。

（一）外部因素和内部因素

选择日语教学内容，不仅要考虑外部因素，更要考虑在外部因素影响下的自身发展。

1. 外部因素

所谓外部因素，主要指日语知识、社会需求和条件、学日语的学生。基础教育日语课程从日语知识总和中选择什么直接关系到开设该课程的成败。社会需求和条件也是决定教学内容的因素，例如国家需要和可能培养什么样的日语人才，需要学生学会日语来做什么，都影响和制约教学内容的选择。学习日语的学生也是选择教学内容时不能忽视的重要因素，必须从学生原有知识和能力的水平、可接受性来确定教学内容。教给中小学学生学习的内容与教给大学生（专业或非专业）、成年人有明显区别，甚至同年龄阶段的学生，因生活在城市、农村或少数民族地区，对教学内容的需求也有所差别。

以上三个方面对教学内容的影响和制约，实质上是日语学科结构、社会结构和学生心理结构对教学内容的制约和影响。除了上述三个主要因素，还有其他一些条件也是需要考虑的，如教师水平、学校设施等。在日语教师中，特别是在大城市，硕士生已不在少数，还有少量博士生担任日语教师。师资力量不同，对教学内容的要求也不一样。另外，在只有一支粉笔、一块黑板的教室里和具有视听设备、电脑、多媒体等现代化设备的课堂中，对教学内容的需求也会有一定区别。特别是数字化、网络化教学技术的发展，也会对教学内容提出新的要求。

2. 内部因素

以上涉及的是制约日语教学内容的外部因素。影响日语教学内容的内部因素很少有人研究，目前只能从历史经验和现实经验中摸索出一些。

首先，是日语教学的传统内容。无论日语课程如何改革，都是在已有基础上的改革，教学内容的更新可能是减少一些，改变一些，增加一些，而不可能凭空捏造。而且，教学内容的变化是缓慢的，不可能在短时间内打碎旧的一套，重建新的一套，因为这不符合日语学科发展的客观实际。

其次，是教学论，特别是课程论的观点。我国的日语教学改革、课程改革都是随着教学理论、课程理论的发展而展开的。由于多年来忽视了相关的理论研究，教学内容的选择存在着不同程度的经验论倾向或盲目性，而缺乏科学的理论指导。这是今后应该认真思考和改进的。

最后，是日语学科自身相对独立的规律与相关学科的横向联系。由于受多方面因素和条件的影响，日语教学已呈现出综合化、个性化、开放化和多样化的趋势，日语教育已经不能囿于语言教育本身，而要为学生的终身发展，培养合格的公民和具有国际视野的社会主义现代化建设人才服务。科学的迅猛发展，信息化社会的突飞猛进，儿童心理学、大脑生理学等研究的新突破，都对日语教学及其内容的选择提出了新的要求。因此，日语教学内容也需要在保存和发扬已有正确、合理内容的前提下跟随时代步伐，不断加以改善和拓展。

（二）日语教学内容与教学目标的相关性

日语教学目标是日语教学的出发点和归宿，教学目标对教学内容的取舍有重要的制约作用。有了明确的日语教学目标，就在一定程度上确定了日语教学内容选择和组织的基本方向。说到教学内容，不能不提及课程内容，二者几乎是等同的。自从课程成为一个独立研究领域以来，对课程内容的解释大多围绕三种不同取向展开，而这三种取向分别代表着不同的教学目标。一是课程内容即教科书，其教学目标主要是传授知识；二是课程内容即学习活动，其教学目标主要是开展学生的学习活动；三是课程内容即学习经验，其教学目标主要是为学生提供有意义的学习经验。

1. 以传授日语知识为教学目标

传统的日语教学内容历来被认为是向学生传递的日语知识。以传递日语知识为教学目标时，往往把日语知识编入教科书，并把教科书与教学内容等同起来。这种把重点放在教科书上的观点，有利于系统地设置日语学科知识，使教师和学生都明确教什么、学什么，课堂教学工作也有据可依。甚至许多日语教师不知不觉地认为，自己的任务就只是教授日语教科书上的知识。

然而，著名教育家杜威指出，即使是用最合逻辑的形式整理好的最科学的教科书，如果以外加的和现成的形式提供出来，在它呈现到学生面前时就失去了其优点。因为对学生来说，这样的学习内容是外部力量规定他们必须接受的东西，而不是他们自己感兴趣的东西。于是，教师们想方设法采取各种教学方法让学生感兴趣，用"糖衣"把学习材料裹起来，让学生"在他正高兴地尝着某些完全不同的东西时，吞下和消化并不可口的食物"。① 这种描述确实形象地反映出传统日语教学的一些实际情况。

2. 以开展日语活动为教学目标

20 世纪以后，科学技术的进步对社会发展影响明显，为了在学校教育中有所反映，美国的博比特等几位课程专家（如美国课程与教学论专家博比特、查特斯等人）通过研究成人的活动识别各种社会需求，把它们转化成课程目标，再进一步转化成学生的学习活动。博比特认为既然社会是一个人既定的存在，教育是社会的代理机构，那么教育的职责、功能是就在为个体有效地参与社会活动做准备，教育目标就应在社会中寻找。人类在社会中的生活无论如何变化，都不外是从事特定的活动，只要运用科学的方法就可以发现人类的基本生活活动，而教育的目标就是使个体具备成功从事这些活动的能力。在这样的教学目标指导下，传统的日语教学内容，即用教科书传授知识的观念受到挑战，它不关注向学生呈现什么内容，而是使日语学习活动成为教学的主角。这种以开展活动为中心的日语教学在我国中学课堂上也存在。有些日语教师虽然也按照教学进度上课，但在课堂上的开展非常活跃，甚至很热闹的教学活动，目的是让学生在积极参与各种活动的过程中了解日语知识、获得日语经验。这种做法也曾受到质疑。事实上，每个学生从日语活动中获得的意义、理解的方式各不相同，只关注外显的活动则无法看到学生如何同化所学内容。这种趋向

---

① 杜威. 赵祥麟，任钟印，吴志宏译. 学校与社会·明日之学校［M］. 北京：人民教育出版社，1994：130—133.

各种各样活动的日语教学，容易忽视深层次的学习结构，偏离日语学习的本质。

3. 以提供学习经验为教学目标

泰勒在课程原理中使用了"学习经验"这个术语，是为了区别那些把课程内容等同于教材或学习活动的观点。他认为，学习经验既不等同于一门课程涉及的内容，也不等同于教师从事的活动，而是指学生与外部环境的相互作用。因为学习是学生的主动行为，取决于学生自己想做什么，而不是教科书呈现了什么或教师要求学生做什么，所以坐在同一课堂的两个学生会获得不同的学习经验，即"教育的基本手段是提供学习经验，而不是向学生展示的各种事物"①。在这样的教学目标指导下，日语教学内容被视为学生的学习经验，而不是外部施加的东西。学生真正理解多少，取决于学生的心理建构。从某种意义上说，学生已有的认知结构及情感特征对所学内容起着决定性作用。然而，这样一来课程编制者难以确定学生的学习经验，因为这是一种学生的心理体验，只有学生自己才了解这种经验的真正结果，而教育者无法清楚地知道学生心理是如何受特定环境影响的。这就会导致学校课程内容受学生支配，后果可想而知。泰勒对学生的关注无疑具有积极意义，但他把课程内容等同于学习经验，着重从教学有效性的角度思考"学习经验的选择准则"，这已经超出我们所指的教学内容的范围，把我们通常所说的教学实践也包括进来了。日语教学如果仅为学生提供学习经验，也是难以实施的。

从以上三种不同的课程或教学目标与教学内容的关系可以看出，不同教学目标下的教学内容有很大差异。虽然它们都有其合理因素，但也都存在明显的缺陷。如果坚持某一个方面，牺牲其他方面或使之相互对立是不可取的。选择日语教学内容需要辩证地处理好几方面的关系，兼顾日语学科体系、学习活动和学习经验等多方面的因素，这样才能更好地实现预定的教学目标。

（三）日语教学内容选择的主体

由于教学时间有限，教学内容必须在众多方面中精选那些必需的、有价值的东西。而这些必需的、有价值的内容是由谁判定、选择的？

我国日语教学内容在 21 世纪以前，其主要由国家制定的日语教学大纲来规定。其他学科也是一样，即国家权力机构掌握着整个教育系统资源与权利的组织、分配，控制着学校的所有课程（教学内容）。参与课程决策的主要是教育部门的高级行政管理人员、教科书出版机构（人民教育出版社）、高等教育

---

① ［美］泰勒．施良方译．课程与教学的基本原理［M］．北京：人民教育出版社，1994：49—50.

机构、全国性的专业协会等。日语教学大纲就是国家教育部委托人民教育出版社的学科专家起草，并组织相关高校的专家、学者、日语教研员等共同研讨决定的。其中，一般经过教学实践认定，符合国家教育方针、适合基础教育阶段学习的教学内容才能列入基础教育阶段的教学大纲。这样的教学大纲是全国统一的，采取自上而下的推广模式，形成了集权制的课程开发传统。这种课程较少照顾到地域差异，主要体现国家对学生素质发展的共同要求。

20世纪80年代末，单一国家课程或校本课程的开发模式在世界上大多数国家中陆续退出历史舞台。不少国家都承认单一的课程开发模式不能解决学校遇到的所有课程问题，应该由国家、地方和学校共享课程决策权，分担教育责任。21世纪以后，我国基础教育课程改革坚持民主参与、科学决策，积极鼓励高等院校和科研院所的专家、学者及中小学教师投身基础教育课程教材改革。2001年5月颁布的《国务院关于基础教育改革与发展的决定》指出，要实行国家、地方、学校三级课程管理。各地区或学校可开发适合各地或学校特点的课程，探索课程持续发展的机制，组织专家、学者和经验丰富的中小学教师参与基础教育课程改革。

国家课程是集中体现国家意志，专门为培养未来国家公民而设计。根据未来公民接受教育之后所要达到的共同素质而开发的课程，即制定中小学课程发展的总体规划，确定国家课程门类和课时，制定国家课程标准，宏观指导中小学课程实施。国家课程是国家基础教育课程计划框架中的主体部分，也是衡量一个国家基础教育质量的重要标志。

地方课程是在保证实施国家课程的基础上，鼓励地方开发的适应本地区的课程，是在国家规定的各个教育阶段的课程计划内，由省一级的教育行政部门或被授权的教育部门依据当地的政治、经济、文化、民族等发展需要而开发的课程。

校本课程是在具体实施上述两类课程的前提下，通过对本校学生的需求进行科学评估，充分利用当地社区和学校的课程资源而开发的适合本校学生特点的课程。校本课程强调以学校为基地（本位）与外部力量的合作，能充分利用学校内外的课程资源。这是国家课程计划中一项不可或缺的组成部分。

实行国家、地方和校本课程三级管理，是现代课程政策民主化的重要标志，有利于地方，特别是校本课程的发展。在这种民主化课程管理下，学校的自主权更大，日语教师更容易成为本学科课程的研究者和设计者，日语课程及教学也会更加开放、民主。

（四）选择日语教学内容的原则

1. 日语教学内容的基础性

基础教育阶段的基本任务是让学生掌握人类文化遗产中的精华，发展学生各方面的能力，以适应未来社会发展的需要。因此，教学内容应该包含使学生成为社会合格公民所具备的基础知识和基本技能，同时也要能培养学生以后可持续学习和发展的能力。当代社会信息量剧增，要指望学生吸收所需的全部信息已不可能。所以，必须教会学生具备丰富自己知识的能力，以及在复杂的社会里辨别方向的应变能力。日语教学内容的选择，同样要注意学科知识的基础性，把握所教日语知识的广度和深度的平衡。强调日语课程内容的基础性，就是指那些经得起时间检验，长期以来一直被选为教学内容的、有价值的日语知识，如五十音图、基本句式，这些都是学好日语所需要的知识，学生只有掌握了这些基本规则，才能更好地运用日语。

2. 日语教学内容的生活性

日语教学内容对学生生活和社会有什么实际意义，这是选择教学内容时需要考虑的问题。

我国学校教育的教学内容历来以各门学科的基础知识和基本技能为主，因为每门学科内容都有自身的逻辑结构，很难与学生的实际生活和社会一一对应起来。而且，事实证明，那种以实际生活或社会为中心的课程不利于学生掌握系统的科学文化知识。但是，与此同时，我们也应该看到，学生是社会的一员，长期以来完成基础教育的学生大多数直接进入社会就业。所以，教学内容要让学生了解社会、接触社会，掌握一些解决现实生活和社会问题的基本技能。日语教学内容也不例外，应尽可能地结合学生生活、社会需求，让学生在学校所掌握的技能可以较好地发挥效用。

当我们考虑教学内容与日常生活和社会实践相互关联时，不仅要注意与现实生活和社会相关，还要注意与未来生活和社会相关。综观当今世界，用"变化迅速"来概括丝毫不过分。尽管谁也无法断定未来几十年会发展到什么地步，但是学校课程应该帮助学生更好地觉察未来的各种选择及其后果，使学生意识到，未来是可以由我们自己的抉择决定的。所以，教学内容必须有利于促进实际生活改善和社会发展，不仅使学生能在实际生活中得以运用，还要适应社会，肩负起建设和改造社会的重任。

然而，把"学了就能派上用场"作为衡量基础教育教学内容与实际生活和社会需求相结合的尺度是不对的，这实际上是一种肤浅的功利主义思想。基础教育不能完全以就业为导向，因为科学与技术的发展使职业的流动经常发生变化，新的职业不断涌现，我们不能详细提供学生将来从事的职业需要的知识、技能。所以，实际生活和社会需要什么教学内容就包括什么，是一种"社会中心课程"的翻版，历史已经证明了它的短命。现代教学理论认为生活和社会是人获得意义的基础和来源，应选择体现生活和社会发展的教学内容，并实现学科与现实生活、社会需求的整合，体现其重要价值。

3. 日语教学内容的适切性

所谓适切性，主要是指教学内容应照顾到学生的兴趣、需要和能力，与之相适应、相契合。这样的教学内容容易为学生所同化并成为学生自身的一部分，能促进学生个性的发展。

儿童和青少年的生理和心理发展有不同阶段。选择教学内容必须考虑其与学生年龄发展相适应的问题。苏联心理学家鲁宾斯坦认为，儿童的各种心智功能是否发展，以何等速度向何方向发展，是受儿童从事了什么活动所制约的①。这说明人的心智功能发展受外界环境的影响，特别是教育作用的影响。日语教育提供什么教学内容、如何指导，直接影响学生的发展时期、发展速度和发展方向。然而，这些属于外部影响。学生在外部影响下形成自己内在的东西，即获得经验和知识，掌握思维与行为的能力，形成正确的态度，这些内在素养反过来又会成为制约外部影响的条件。

由于日语教育和教学是以学生的内部条件为中介来发挥作用的，所选择的教学内容是否能产生预期效果，不仅取决于外部影响是否与学生的内部条件、每个学生的具体发展状态和心理特性相结合，还取决于以什么方式相结合，结合到什么程度。如果选取的教学内容适合学生的发展状态和心理特征，有利于他们全身心地投入到日语学习中去，并活跃思维和参与语言实践活动，则日语教育教学作用更容易取得成效。

二、日语教学内容选择需要处理的若干关系

经过精选的日语教学内容需要按照一定的顺序和方式加以组织，使之成为一个有机的整体，这样才有利于开展教学。如何编制日语教学内容，泰勒在《课程与教学的基本原理》中总结前人的研究成果，确立了有效组织学习经验的三个基本原则：连续性、顺序性和整合性。教学内容的组织，需要处理好几个关系：一是逻辑顺序与心理顺序的关系，二是直线式与螺旋式的关系，三是纵向组织与横向组织的关系。

---

① ［苏］鲁宾斯坦. 普通心理学纲要［M］. 柏林：国营人民与知识出版社，1962：200—203.

（一）逻辑顺序与心理顺序的关系

逻辑顺序指根据日语学科本身的逻辑顺序和系统性来组织教学内容；心理顺序指按照学生心理发展特点来组织教学内容，强调学生的兴趣、需要、经验背景的重要性。对于基础教育阶段来说，更需要以学生的成长和发展为重，将日语学科逻辑顺序置于从属地位。因为片面地强调学科的逻辑顺序，会使学生失去兴趣，难以把日语学科的知识结构转化为学生的认知结构。当然，也不能只顾及学生心理顺序，那样也难以使学生获得相对系统的基本知识和基本技能。所以，逻辑顺序与心理顺序的统一和整合是处理这层关系的关键。一方面要考虑日语学科的体系、日语语言自身的规律和内在联系；另一方面也要考虑学生的认知发展特点，根据学生学习日语的独特性组织适合学生思维方式的内容。

（二）直线式与螺旋式的关系

直线式指把基础教育阶段的特定日语内容组织成一条逻辑上前后联系的直线，前后内容基本不重复，或是成递进关系的。螺旋式指在不同学段，日语教学内容以不断加深程度或扩大范围的形式重复出现。

由于过多的重复会使学生厌倦，只有不断地在原有基础上呈现出新的内容才能使学生有新鲜感，从而保持浓厚的学习兴趣；同时，教学内容的核心是日语学科的基本结构，要围绕这个基本结构在不同年级以逐渐加深、螺旋式上升的方式使学生不断学习一些内容，获得越来越深入的理解，直至基本掌握。

直线式和螺旋式各具特点，直线式可避免不必要的内容重复，螺旋式则顾及学生的认知特点，加深其对内容的理解。在课程内容组织实践中，一般是把两者不同程度地结合起来。

（三）纵向组织与横向组织的关系

纵向组织指按照一定的准则以先后顺序排列教学内容，这种组织方式也称序列组织；横向组织则打破学科界限和传统的知识体系，以某一主题为核心组织相关教学内容。

纵向组织比较传统，按照由简到繁、由易到难的序列安排教学内容。美国认知心理学家加涅运用学习结果分类理论为教学内容的纵向组织提供思路，他按照学习的复杂程度把人类的学习分为八类：信号学习、刺激—反应学习、连锁学习、言语联想学习、辨别学习、概念学习、规则学习、问题解决学习。组织教学内容时应考虑先让学生辨别，再学习概念，在此基础上掌握规则和原理，最后解决问题。

20 世纪 70 年代，随着学科综合化趋势日益明显，出现教学内容的横向组织。横向组织主张采用"大概念""广义概念"等作为组织教学内容的要素，使教学内容与学生经验有效地联系起来，使学生更好地探索社会和个人关心的问题。较之纵向组织方式，横向组织方式更关心知识的应用而非知识的形式，学习心理学中的"随机通达学习""登山式学习"为横向组织教学内容提供了学习论基础。

第三节　日语教科书的定位及其他教学资源

一、日语教科书的定位

长期以来，很多人总是把教科书与教学内容等同起来，认为教科书写的就是要教给学生的，教师教好教科书就完成任务，而这种认识是片面的。

教科书有广义、狭义之分。广义的教科书泛指能增进人们知识和技能、影响人们思想品德的教材。狭义的教科书指按照教学大纲或课程标准要求编写的教学用书，又称课本。这里讨论的教科书指后一种。

教科书一般对某学科现有知识和成果进行综合归纳和系统阐述，较少做新的探索和提出一家之言，且具有全面、系统、准确的特征。然而，教科书不是随心所欲的产物，是教学大纲或课程标准规定教学内容的具体体现。经过教育部门审定的教科书是教师和学生学习学科知识的主要资源。日语教科书是教科书的一种，是日语教学的核心资源。

（一）日语教科书的性质定位

日语教科书是根据国家颁布的课程方案（课程计划或教学计划）规定的课程设置、课程结构、课程内容及日语学科课程标准（或教学大纲），按照学生年龄顺序编写的文字教材。它反映日语课程标准（教学大纲）规定的教学内容。为此，日语教科书是学校开展日语教育中的核心，也是日语教材系列中的主体部分。

日语教科书是由出版机构按照课程标准（教学大纲），组织有关专家编写的教学用书，其编写思路、框架、内容要符合课程标准（教学大纲）的基本精神和要求。日语教科书的内容既要达到课程标准（教学大纲）规定的基本要求，又不能无限制提高难度。不同地区经济、自然环境、文化等存在差异，教科书编写须关注和体现这些特点，照顾不同地区教育发展水平、学生身心发展水平及特殊需要。

日语教科书不是孤立的学生用书，与其紧密相关的还有教师教学用书、学生使用的练习册、教学挂图、卡片等配套教材以及围绕教学的各种读物等。同时，日语教学与其他语种教学的共性是需要视听教材，长期以来，录音、录像等都不同程度地发挥着积极作用。特别是我国进入 21 世纪后进行的课程教材改革，打破了教科书是唯一教学资源的传统观念，提倡教材的系列化、立体化和数字化。为此，日语教科书需要从一开始就制订一份系列编写计划，将相关教材统筹起来，这样才能适应新时期教育教学改革的需要。

（二）日语教科书的特征定位

1. 日语教科书的内容特征定位

日语教科书的内容必须以日语课程标准（或教学大纲）为依据，完整、准确地反映其理念和要求。在我国，日语教科书不仅要承载日语学科知识，还要注重弘扬民族优秀文化，体现时代特点和现代意识，有助于增强学生的民族自尊心和爱国主义情怀，帮助学生树立正确的世界观、人生观和价值观。

日语教科书承载的相关知识应该是已经有定论的、经过教学实践检验的内容。不确切、尚有争议的知识，不宜纳入教科书，特别是中小学日语教科书。

日语教科书须从学生已有的生活经验出发，精选贴近学生生活、符合学生身心发展规律，适应社会发展和个人发展的基础知识、基本技能和为掌握这些知识、技能的活动，用以激发学生的学习兴趣，培养学生的言语实践能力和交际能力。

21 世纪课程改革以来，日语教科书的内容更加注重突出主题，强调语篇类型的多样化。同时，改变教科书专供教师教、不适合学生自学的状况，内容讲解做到简明扼要、深入浅出、语言通俗、易懂、文字流畅、生动活泼。

现代日语教科书不仅要提供教学需要的素材，还要给教学留有一定余地，给教师和学生留出选择和拓展的空间，满足不同学生学习和发展的需要。

2. 日语教科书的形式特征定位

教科书不仅在选择内容上比一般图书要求严格，在形式上也十分讲究。日语教科书的形式也须根据学生的认知水平精心设计、妥善安排。

日语教科书的内容编排需具有启发性，鼓励学生积极思考、发挥想象力，题材、体裁要丰富多样，为学生设计体验性活动和研究性专题，引导学生掌握学习策略，以利于改善学生的日语学习方式。

日语教科书的呈现方式需要由浅入深、由表及里、循序渐进、难易适度，采用直线排列和螺旋排列相结合的编排形式；注意设置真实的语言环境，提供运用日语的机会。

21世纪课程改革以来，日语教科书的内容设计特别提倡以日语实践活动的"理解与梳理""表达与交流""探究与建构"为路径，体现学习过程，融汇用日语做事的方法；呈现比较完整的交际背景和人物关系，以利于教学时创设真实的情境。

日语教科书与其他教科书一样，需要在符合教学法的同时符合美育要求。标题醒目、内容清楚，字体和字号均须规范，以防损害学生视力；封面、插图尽量美观，与内容相辅相成，比例恰当，图文并茂；版式设计新颖、美观、清晰、有情趣；教科书的大小适当，便于学生携带。

现代日语教科书不仅要有纸质教材，还需运用现代信息技术，与音频、视频等多媒体课程资源相互配合，形成立体化格局，充分调动除语言文字作用外的听觉、视觉、触觉感应，达到综合的整体教学效果，并为教、学、评提供更全面的支持。

(三) 日语教科书的使用定位

供全国选用的中小学日语教科书，必须经过国家教育部门审定，地方日语教科书由省级教育行政部门审查。国家教育部门每年春、秋两季分别印发"全国普通中小学教学用书目录"，供全国中小学选用。各省、自治区、直辖市教育行政部门根据国家教育部门用书目录和本省的实际情况补充下达"中小学教学用书目录"，供各地区学校选择用。教科书出版单位可以发行与教科书配套的教师教学用书、教学挂图等，同时保证印制、发行工作所需时间，做到课前到书。

二、日语教科书以外的教学资源

日语教学除教科书以外，还有许多其他教学资源。这些教学资源可以从不同角度加以分类，如有形资源和无形资源等。受思维定式的影响，一般人对资源的认识存在一定偏差，认为教学资源是有形实物，如教科书、录音带等。其实，用全面的观点看问题，就会发现日语教学资源是一个复杂的系统。日语教学资源既包括有形资源，也包括无形资源；既有校内资源，也有社会资源；既有硬件资源，也有软件资源；既有文化信息，也有个人经验。为此，正确认识日语教学资源系统，分析和研究该系统各要素之间的相互关系，是日语教师和教育研究者需要认真思考和充分利用的。这里仅从有形资源和无形资源的角度加以分析。

（一）有形资源

随着现代教育技术的飞速进步，教材的概念已经有了多方面的扩展。日语教材到目前为止，所谓有形资源至少包括教科书、教师教学用书、练习册、补充读物、工具书、挂图、卡片等直观教具，录音磁带或广播，录像带或幻灯片、电影、电视，播放录音、录像、电影、电视等的相关设备。其中，教科书、教师教学用书和练习册、补充读物、工具书、挂图和卡片等属于纸质资源；录音、广播、录像、影片、幻灯等属于音频或视频资源；而播放设备的录音机、录像机、电视机、计算机、语言教室、多媒体教室属于硬件资源。

纸质资源是教学自古以来利用最多、最普遍的资源，音像资源和硬件资源是随着科技进步逐步运用到教学中来的。特别是外语教学，必须开展听、说、读、写技能训练，不同教学资源在不同时期对学生学习日语、培养运用日语交际的能力都发挥着不同程度的作用。

（二）无形资源

日语教学中除了有形资源，还有无形资源，如软件资源、网络资源、信息资源、文化资源、个人经验等。与有形资源相比，无形资源往往容易被忽视，但现在无形资源的作用越来越突显，在日语教学中充当着重要角色，发挥出其潜在动能。例如，软件资源中的计算机辅助教学软件、文字处理软件已经被广泛应用，只要打开计算机，输入日语或学习日语都会用到这些软件。多媒体制作软件在日语教学界也用得越来越多，几乎所有开设日语的学校的教师和学生都会用多媒体软件制作相关课件，开展教学活动、交流学习成果等，可谓大有用武之地。

这里，我们以软件资源、网络资源、个人经验为例，说明无形资源的潜在动能给日语教学发展带来的巨大变化。

1. 软件资源

软件资源一般指软件程序，如我们使用电脑接触最频繁的就是磁盘操作系统。磁盘操作系统是一种面向磁盘的系统软件，它像一座桥梁把人与机器连接起来，让我们不必去深入了解机器的硬件结构，也不必死记硬背那些枯燥的机器命令，只需通过一些接近于自然语言的磁盘操作系统命令，就可以轻松地完成绝大多数的日常操作。磁盘操作系统还能有效地管理各种软硬件资源，对它们进行合理的调度，所有的软件和硬件都在磁盘操作系统的监控和管理之下，有条不紊地进行着自己的工作。同时，在教学中经常用到的软件也很多，日语教师几乎每天都在用电脑工作、备课、制作幻灯片等。

日语教材在利用新媒体方面也有进展。为了更好地为教学一线服务，2012年，由人民教育出版社出版的《义务教育教科书·日语》的教师教学用书（七、八、九年级），每册分别配了一张光盘，这是日语教科书首次配备这种多媒体教学资源。光盘相当于一部电子书，教师上课时可以点击目录，直接进入教科书的任意一页。画面上的局部内容可以适当放大或移动；有录音的地方点击按钮可以发出声音；点击书中的图片，可以显示相应的单词和读音；习题也有相应的互动。这与只有录音带相比，进一步方便了日语教师的课堂教学。

在社会日语教学方面，为了丰富学习资源、提高学习效率，国内发行最为广泛的《中日交流标准日本语》在新版的基础上研制了手机应用程序，其内容包括五十音图，各单元课文、生词、重点语法讲解、练习等文字资料及与书本内容配套的所有音频资源。这些利用新媒体开发的教学资源，使日语教材正在逐步构建围绕核心教材的立体化格局。

2. 网络资源

网络资源是指以数字化形式记录的，以多媒体形式表达的，存储在网络计算机磁介质、光介质以及各类通信介质上的，并通过计算机网络通信方式进行传递的信息内容的集合。网络资源富含各种形式的与教育相关的知识、资料、情报、消息等，如馆藏电子文献、数据库、数字化文献信息、数字化书目信息、电子报刊等。网络资源也指以电子数据的形式将文字、图像、声音、动画等多种形式的信息存放在光盘等非印刷型的载体中，并通过网络通信、计算机或终端方式再现出来的信息资源。网络资源可以借助计算机等设备进行共同开发、生产和传递。与传统的信息资源相比，网络资源在数量、结构、分布和传播范围、载体形态、传递手段等方面都显示出新的特点。

网络课程是网络资源的一种，是通过网络传递日语学科教学内容及实施日语教学活动的一种教学方式，是信息时代下日语课程的新的表现形式。它包括按教学目标、教学策略组织起来的教学内容和网络教学支撑环境。其中网络教学支撑环境指支持网络教学的软件工具、教学资源以及在网络教学平台上实施的教学活动。网络课程具有交互性、共享性、开放性、协作性和自主性等基本特征。

一些网课根据日语学习者的需要，将《新版中日交流标准日本语》初、中、高级按照各课顺序进行讲解，在原书基础上增加了随堂小练习、词汇分析、文化背景介绍等，结合文化差异进行讲解。网课教师善于采用启发式教学，让学生带着问题学习，并适时归纳小结。这样的网课对自学者非常有帮助。然而，由于网课影响面大，任课教师的一言一行对参与网课的学生都会产生不同程度的影响，所以网课内容要编排丰富，教师要循序渐进，讲解清晰，语言规范，练习设计生动、有趣，进行阶段复习让学生温故知新。如何在不见面的网课中充分调动学习者的积极性，使学习者主动参与到日语教学实践中来，与教师和其他学习者实现一定程度的互动，是网课建设应该思考的问题。

基础教育阶段的学校日语教学还没有实现网络课程。网络教学支撑环境的建设需要多方面的努力。尽管现阶段还做不到，但考虑到网络课程的特殊优势，未来利用互联网开展日语教学也是一种选择。毕竟互联网可以打破地域和国界，有利于教学单元模块化，这种可以通过电脑实现的学生与教师、同学之间的多向互动，容易激发学生的学习热情。

3. 个人经验

个人经验往往是一种容易被忽视的教学资源。日语教学中的个人经验包括教师的个人经验和学生的个人经验。

（1）教师的个人经验

教师的个人经验包括他的信念和价值观是如何形成的，是否具有坚实的日语学科知识基础，采用什么样的日语教学方法，如何对待学生的日语需求，如何处理日语教学与社会大环境的关系，如何处理同事间在日语教学问题上的分歧与冲突等诸多方面。说到日语教师的成长，人们往往更关注他们的专业素质，例如掌握的日语知识和运用日语的能力，而教师作为个人，有什么学习和生活经历，如何在中日文化交流中建构知识、形成跨文化交际意识等问题则往往被忽视。

日语教师的职业生涯与其个人的生活经历密切相关，日语教师要不断成长，要搞好日语教学工作，就应该充分认识和探索自己个人经历中的重要事件和人物，从中获取营养、启发和力量；不断反思自己的日语教学实践活动，在教学过程中总结经验、教训，再把它们应用到日语教学中去，促进自我发展。教师的发展不仅是教学技能等专业知识的发展，更应该是自我发展。自我发展可以促使教师有更高的精神追求，是日语教师专业发展的内在动力。

语言与文化影响着一个人思维方式和行为方式，身处不同的文化背景，讲解非母语的另一种语言时，外语教师的知识建构和行为方式必然受到不同文化因素的影响。日语教师在条件允许的情况下，应该争取更多的赴日学习机会，近距离地接触和感悟日本文化，使自身的跨文化交际意识和能力得到提高。日语教师向学生讲述自己学习日语的经历，与学生分享自己学习和教学日语的历程、心得、体会，也会对学生产生言传身教的影响。教师的跨文化意识和能力的提高，会直接影响学生的文化意识，能有效影响学生对多种文化的学习热情。当代的日语教师是教学资源的开发者，其自身经验也是教学资源之一，日语教师可以经过努力，使自己成为灵活的、有创造性的"活教材"。

（2）学生的个人经验

在日语学习过程中，学生们既有共同的学习经验，也有各自的不同的学习方法和独特体验。例如，看过的日语电影、电视，读过的日语书籍、报纸、杂志，听说过的日语故事，凡是有关日语或日本社会、文化方面的东西，都是班级活动时可供利用的学习资源。让学生用自己学到的日语知识相互启发、取长补短，也可以成为日语教学活动的重要一环。

有些学生还有过与日本人交际的实际体验，他们或随父母在日本生活过，或在国内与日本人有过交往，这些同学的经验是日语教学中的重要资源。请他们在班级里讲述或笔录个人的体验，现身说法，是扩充学生的日语知识、提高他们学习兴趣的好方法，也是促进学生之间沟通日语学习经验、交流学习体会的重要手段。

如上所述，无论是教师的个人经验还是学生的个人经验都是一种重要而无形的教学资源。由以上分析可以看出，与有形资源相比，无形资源具有更突出的优势，因为它具有极大的广延性和极强的适应性。从广延性方面看，它可以渗透到所有国家和地区，也可以存在于一个学校、一个年级或一个班级，甚至某一个人。从适应性方面看，无形资源可以被重复使用，并在反复实践中得到检验和修正，在持续的积累中不断提高。正确看待无形资源，有助于我们更全面、更准确、更深刻地认识日语教学资源系统，并树立起新的资源观，这在理论上和实践上都具有重要意义。

此外，社区和社会机构的支持，也是一种无形资源。充分利用这些无形资源，有利于从社会生产、社区生活的真实需求出发，在真实的环境中习得和巩固知识和能力。为学生提供真实学习环境和机会，也有利于推动 21 世纪核心素养的教育实践。同时，学生核心素养的获得也会给社会带来许多回报，包括经济、环境、金融以及道德等多个方面，学生的个人发展能够带动整个社会的发展。

第三章　创新视角下的日语教学内容研究

为适应当今社会对日语人才的需求，高校的日语教师需要根据社会对人才的需求和本专业的办学特点来组织教学，使培养出来的学生能够尽快地适应社会的需求。本章从日语教学的内容出发，探寻更好的日语教学方法，以有效促进日语教学的改革和教学质量的提高。

第一节　基于元话语的日语课堂授课内容建构

一、元话语的功能

关于元话语的功能，杉户指出，"元表现按照基准调整（多数情况下，更准确、更明快、更优美）语言行动进行的表现表达的行动过程或其内容"[①]。调整表达内容（话题、素材）的元表现有「言わなくてもわかるだろうけれど」「先ほどから説明しております通り」，调整表达行为的元表现有：①言语行为功能种类，如「以上は単純な質問ですが、ここからは意見になります」；②表现内容、话题，如「平成元年の予算案を議題といたします」；③表现语气，如「はっきり言ってしまえば」；④谈话进展、规范，如「繰り返すことになりますが、結論をもう一度まとめておきたいと思います」[②]。西條定义元话语为"在谈话过程中，元话语表达自己或他人之前言说的内容及今后要言说的内容。"西條还提出"谈话的结构化"问题，即发话者

---

① 杉戸清樹. 言語行動についてのきまりことば［J］. 日本語学，1989，8（02）.
② 杉戸清樹. 言語行動についてのきまりことば［J］. 日本語学，1989，8（02）.

通过表明话题各部分的联系，使整个话题更具连贯性①。西條参照杉户，塚田和古别府的相关研究，把元话语的功能分为：①提示话题；②焦点化；③总括；④提示分论点；⑤补充；⑥寻求合适表达；⑦宣言等 7 类。其中②焦点化又包括他者发话焦点化和自己发话焦点化，③总括又有主张型总括、评价型总括和预告型总括。杉户，塚田认为①至④"是调整表现内容和传达过程的元话语"，⑤至⑦则是"调整人际关系的元话语"。②

本节在参考西條分类的基础上，同样将元话语分为 7 大类，分别为：①建构话题元话语，包括预言型元话语和总结型元话语；②列举项目元话语；③明确发话意图元话语，包括提示原因理由元话语、提示要点元话语、总结元话语；④言及叙述方式元话语；⑤自他发话焦点化元话语；⑥言及对知识理解元话语；⑦定义概念、解释说明元话语等。

二、元话语对日语课堂授课内容的建构

如果学语言的人没有元语言意识，就无法区分语言符号的不同功能。因此，有效的日语语言教学和学习不仅仅要掌握日语基础的语言知识，更有赖于从语言角度理解日语学习和运用的特点，进而帮助日语语言学习者更好地理解授课内容，使整个授课过程达到事半功倍的效果。教学实践过程中的元话语具有使授课过程进展更顺利、更连贯，使授课内容更容易理解的功能。这两种功能密不可分，互为补充。授课进程的元话语对学生来说，能够理解授课内容通过何种形式、按照何种顺序、运用何种方法传达的，而通过授课内容的元话语，学生能够掌握授课内容关键词的相关知识并认真理解，可以把握已学知识与现在所学知识的联系，更好地理解授课内容。以下通过池上彰的《［经济学］讲义——战后 70 年世界经济の歩み》中的第 6 讲 「バブルが生まれ、はじけた」 分析元话语在授课过程中对授课进程和授课内容的建构过程。

（一）建构话题

建构话题的元话语具有明确授课谈话过程及话题结构的功能。具体包括预言型元话语和总结型元话语。

1. 预言型元话语

预言型元话语提示、预告接下来的谈论内容，具有开始话题的功能。授课

---

① 西條美紀. 談話におけるメタ言語の役割 ［M］. 东京：风间书房，1999：33.

② 西條美紀. 談話におけるメタ言語の役割 ［M］. 东京：风间书房，1999：22.

过程中，预言型元话语告知、提醒学生接下来要讲授、讨论的内容，吸引学生注意、激发学生兴趣。比如，教师在讲授"日本泡沫经济"时，会这样开场：

　　今回はバブルを取り上げます。　日本経済がバブルになり、　そしてそのバブルがはじけたという話をします。　バブルはどうして生まれて、　どうしてはじけたのか。　今でもよく、　一定年齢以上の人から、　バブルの時代はよかったという話が出てきます。　いったいバブルは何なんだろうか。　これを考えます。

　　上例首先通过　「今回はバブルを取り上げます」　这一预言型元话语提出本次授课内容为"日本泡沫经济"，然后讲述日本泡沫经济的具体授课内容，不是讲泡沫经济的规模，也不是讲泡沫经济的历史，而是讲"泡沫经济的产生和崩溃"，进而提出"一般人认为泡沫经济很好"，引发学生思考。预言型元话语可以把学生迅速带入到课堂中来。

　　2. 总结型元话语

　　总结型元话语表示对所讲述内容进行总结，表示谈话结束。日语教学实践过程中，每次授课即将结束时，教师有意识地对本次授课内容进行总结、归纳，能使学生加深对教师所讲授内容的印象，更好地理解授课内容。例如：

　　経済の歴史を見ることによって、　バブルのことをきちんと知っていれば、　いずれ必ず起きるバブルのときに、　みなさんは正しい道をとることができるはずです。　それを頭に入れておいてください。　では、　今日はここまでにしましょう。

　　教师通过分析"泡沫经济"的历史，了解了"泡沫经济"产生、崩溃的整个过程，提出以史为鉴，预防"泡沫经济"的建议。最后用元话语　「では、　今日はここまでにしましょう」　结束了本次授课。通过教师的归纳总结，学生对本课内容及教学目的、教学目标有了更进一步的认识。

　　(二) 列举项目

　　列举项目元话语在讲授课堂内容时，具有列举各项项目的功能，即西條主张的提示分论点。对讲义内容中出现的专业用语、关键词或观点，分别进行说明。例如：

　　(1)　景気をよくするためには二つのやり方しかないわけです。　一つは政府が財政出勤をする。　…もう一つが金融政策。

　　(2)　政府としても、　土地の値段がこれ以上、　上がらないような対策をとらざるを得なくなってきました。　どうしたのか。

　　ひとつは　「地価税」　です。　…もうひとつのやり方が　「総量規制」。

例（1）和例（2）都是列举项目的例子，例（1）首先提出使景气好转只有两种方法。接下来通过元话语 「一つ」 「もう一つ」 分别列举了两种具体方法，即"政府财政补贴"和"金融政策"。例（2）提出"作为政府，必须采取政策控制地价不能再增长。那政府应该怎么办呢?"， "ひとつは 「地価税」 です。 …もうひとつのやり方が 「総量規制」 "。列举项目元话语使学生理解授课内容时思路更清晰，更有条理。

（三）明确发话意图

明确发话意图即通过何种方式传达发话者意图的元话语，具体包括提示原因理由的元话语、提示授课内容要点的元话语、总结讲义内容的元话语。

1. 提示原因理由

提示原因理由的元话语具有明示对原因理由进行说明的功能，一般用于解释原因理由之前，经常用的句型有 「なぜかというと、 …からである」 「それはなんでだろうかというと、 ～んだろうと思います」 。

（1）では、 そのバブルはなぜ始まったのか。 これは、 アメリカ、 ニューヨークの高級ホテルで開かれたある人たちの密会から始まっています。日本からも参加しています。

（2）なぜこんなに売れたのか？ シーマを買った人にアンケートを行ったところ、 一番多かった理由は、 何だったと思いますか。 値段が高かったからです。 高級車だから、 値段が高いから売れた。

例（1）通过 「では、 そのバブルはなぜ始まったのか」 提示原因理由的元话语提出"为什么会开始泡沫经济"这一问题，为接下来展开话题论述做了铺垫。例（2）提出 「なぜこんなに売れたのか」 这一问题，后面回答 「値段が高かったからです」 。这种自问自答式的讲述方式，使授课内容更栩栩如生，使整个授课过程更形象、生动。

2. 提示要点

提示要点元话语具有提示讲义内容要点的功能，提前告知学生接下来要讲授的要点，有利于学生做笔记。例如：

（1）ぜひみなさんに言っておきたいことが

あります。 バブルは定期的に起きます。 これからも必ず起きます。大きなものや小さいもの、 いろいろありますが、 だいたい30 年ごとにバブルは起きます。

教师通过 「ぜひみなさんに言っておきたいことがあります」 这一元话语，提示要告诉学生重要的经济学规律，即"每隔 30 年就会发生一次泡沫经济"，这也是对本次授课内容的总结。

（四）言及叙述方式

言及叙述方式的元话语具有言及以何种语气论述的功能，如 「大雑把に」「端的に（な）」「一般的に（な）」「具体的に（な）」「ざっくりと」 等。例如：

（1）この場合の資産価格というのは、 例えば土地やゴルフ場の会員権などが、 本来の値段よりもさらに上がりすぎてしまって、 その結果みんなが、 景気がいいと思ってしまうような状態。 これがバブル、 という一般的な定義ができます。

（2）さあ、 ざっくりと、 この3つの違い、 まずはおわかりいただけましたか。

通过这类表示叙述方式的元话语，学生可以了解教师对该观点的态度，是"大体讲述"呢还是"个别提及"呢，是"一般观点"呢还是"具体讲解"呢，有助于学生理解该内容的重要程度并合理分配精力。

（五）自他发话焦点化

自他发话焦点化元话语即授课过程中，对于教师或学生之前提过和听过的内容再次提及，并进一步论述相关内容。例如：

（1）先ほど、 タクシーの話がありました。 手を振ってもタクシーが止まらないのですね。 そういう時には、 一万円札を振れば止まると言われていました。

（2）先ほど、 土地の値段が上がったという話が出ました。 当時、 東京23区の土地を売ると、 アメリカ全土が買えると言われました。

例（1）和例（2）分别用 「先ほど」 提示教师提问学生过程中，学生回答的泡沫经济时期，关于"出租车"和"地价"的话题，教师又具体论述泡沫经济时期"不是招手出租车停而是摇一万日元纸币"和"日本地价高涨"的来龙去脉，通过具体个案分析加深学生对泡沫经济的理解。

（六）定义概念、解释说明

定义概念、解释说明元话语具有定义专业用语，将专业用语用浅显易懂的语言进行重新说明，用更准确的表达方式表述的功能。经常用的表达方式有「つまり」「すなわち」「～というのは、～のです」「言い換えれば」 等。

（1）そもそもバブルというのは、 泡ですね。 泡というのはうたかたのごとく消える。 つまり、 ワーッと広がって、 一見華やかなように見えるけど、 あっという間に消えてしまう。 これがバブルというものです。バブルを経済的に定義すると、 「実体価格を超えた資産価格の上昇に伴う加熱景気」 です。

（2） 債権というのは、 貸した金を返してもらえる権利のことですね。

（3） 有名な言葉に 「愚者は経験に学び、 賢者は歴史に学ぶ」 というものがあります。 愚かな人は自分の経験からしか学ぶことができない、 賢い人は歴史から学ぶことができる。 つまり、 歴史をきちんと知っていれば、 バブルに踊ることはないはずなんだということですね。

例 （1） 解释了泡沫经济的具体内容。首先用 「そもそもバブルというのは、泡ですね」 说明 "泡沫经济就是泡沫"，接着解释泡沫，"迅速扩散，看起来很豪华，却瞬间消失了"。然后用 「つまり～これがバブルというものです」 这一元话语，又给泡沫经济在经济领域下了定义，"伴随超过实体价格的资产价格急剧上升的过热景气现象"。例 （2） 用 「～というのは、 ～のことですね」。这一下定义的元话语说明了 "何为债权"。例 （3） 用 「つまり」 解释说明了 "愚者向经验学习，智者向历史学习" 在经济领域的重要作用。

建构话题的预言型元话语和总结型元话语，列举项目元话语，明确发话意图的提示原因理由的元话语、提示授课内容要点的元话语、总结讲义内容的元话语、言及叙述方式的元话语，自他发话焦点化元话语，言及学生对知识理解的元话语，定义概念元话语等在授课的开始、展开、结束部分促进授课过程的顺利进行，使学生更好地理解课堂内容。

第二节　商务日语听力教学内容改革研究

一、商务日语听力课程内容选取理念

在内容的选取上，应依据如下原则：遵循第二语言习得的基本规律，以岗位职业能力的养成为核心，以行业岗位的典型工作情境为切入点，以熟练的商务日语沟通能力所需的知识、技能为基础，以培养合格的高端技能型商务日语人才为目的。

二、商务日语听力教学内容的优化

日语听力的教学内容分为三大模块，即基础日语模块、商务日语模块、综合日语拓展模块，这三大模块对本专业职业能力的培养具有很好的针对性与适用性。

（一）知能一体化的基础日语听力模块

商务日语课程的最终教学目标就是为学生能够熟练地养成商务日语交流与沟通能力奠定基础，要达到这个目标，就必须具备扎实的日语听力知识和技巧。由于本专业的学生学习日语是零基础起步，而且日汉两种语言分属不同的语系，由于母语障碍，在听日语特有的表达方式时，学生往往难以理解。因此，在日语听力的教学中在教授基础日语听力知识点的同时，必须训练学生的听力方法和技巧以及日语特有表达方式的特点，培养学生的自学能力，使他们在学习更高层次的商务日语沟通模块以及从课外、校外的学习中获得持续发展的自我学习能力。主要内容为：

（1）基础日语听力知识模块：主要包括发音、日常会话常用句式、日常寒暄语、基础词汇和语法四个方面的教学训练。

（2）日语听力方法与技巧：主要包括辩句：句流、言外之意等；辩词：多义词、核心词等；辩音技巧：发音规律、约音等音变规律；差异文化交流技巧：了解文化差异，分辨言外之意等四个方面的教学训练。

（二）仿真的商务日语听力模块

这一模块，可以和行业专家一起设计教学内容，从培养职业能力出发，根据真实的商务工作情境设计的教学内容，通过仿真的教学环境，使学生熟悉商务环境下常见交际情境，对这些情境下常用的语言表达方式反复练习直至熟练，增强语言运用能力。这一模块的教学内容主要按照三个情境设计：同事间的交流，包括自我介绍、请求帮助、会议、请假等不同场景；与客户的电话交流：包括打电话预约拜访、打电话找人等不同场景；与客户当面交流：包括登门拜访、商谈降价、合同鉴定等不同场景。这三个情景中设计的会话场景基本涵盖了国际商务中的交际需要。

（三）丰富的综合日语拓展模块

这一模块的教学目的主要是使学生了解日本社会和文化，增强跨文化交际的能力。在内容安排上，要为学生提供丰富的听力材料，涉及日本文化、日本社会的电影、歌曲，电视节目、新闻等，以及日语能力考试听力等多方面的内容，并通过课堂上的泛听环节以及课外的自我学习时间，以网络课堂、校调频发射台、资源下载等多种方式为学生创造更多的听力环境。

（四）三大教学模块之间的关系

基础日语听力模块是精听内容，为商务日语听力的学习奠定基础，综合日语听力有助于学生来了解文化差异，熟悉异文化交流共同的技巧，具有辅助加强的作用，而商务日语听力则最终要为人才培养目标的三大核心能力之一的商务日语交流与沟通奠定听力基础，是商务日语课程最终的教学目标。

三、教学内容的表现形式

（一）课程的网络资源

构建网络课堂：网络课堂是提高学生自主学习能力的有效手段，可以建设专门的日语听力网络教室，并上传丰富的课外听力材料、电子教案、习题等，并提供有用的网址链接，为学生提供丰富的课外自学资料和环境。

（二）充分利用各种条件

有效利用校内实训条件，利用校内调频发射塔，定期播放日语听力材料，学生不仅可以在语音室练习听力，在校内其他地方也都可以练习听力。

（三）整合教材、开发自用教学讲义课件

目前，对于教材的使用，不能再死板地固定一本教材，而是以一本教材为主，多本教材为辅加以使用，这样才能有效地优化多本教材的内容。此外，开发自用的综合日语听力模块和商务日语听力模块的自用教学讲义课件，能够对人才培养目标的达成发挥很好的作用。

第三节　商务日语教学内容改革——引入礼仪教学

随着经济全球化的发展，各国企业也呈现出"走出去"的趋势，商务活动所涉及的范围越来越广，内容也更加复杂，社会、文化以及生活等因素逐渐渗透于各种商务活动中，甚至成为决定企业成败的关键。商务日语的应用离不开教学的作用，只有运用更适当的教育方式才能保证商务日语教学成果可观。商务礼仪是为商务日语教学服务的重要辅助手段，当前所倡导的商务日语教学应该采纳全新的商务日语学习理念，为学生强调商务日语文化对未来职业生涯的促进意义。根据日语教学的基本规律，使学生融入多元化发展的行列，在百花齐放的时代背景下，提高自身流畅沟通的能力，并且积极地发挥解决商务问题的效能。

一、商务日语专业课程的教学现状

伴随着市场经济的调控，国内很多高校都开设了日语专业。但是就目前的教学情况分析，商务日语专业设立的目的就是为塑造复合型人才、应用型人才而存在的独立课程。在学习商务日语的过程中不仅要让学生掌握理论知识，同时也应该重视培养他们的实践能力。在实际的授课过程中，对于这样的教学出发点似乎落实不到位，较为明显的就是重理论宣传、轻实践过程。针对当前存在的这一现状，很多教师虽然已经意识到问题的严重性，但是付诸实际的行动中还是少之又少。面对信息化发展的新时代，社会对于商务日语人才的需求越来越大，变革传统的教学方式迎合当前的时代需求至关重要。虽然高校中会设置外语等课程，但是目前的就业竞争力较大，学生只会外语很难获得较大的出路，由此看出加强日语课程的学习是为学生赢得就业筹码的关键。日语课程的设立多是伴随着商务类课程的存在，需要选择系统的商务课程来进行综合传授，提升学生在日语上的表达能力，重视学生在日语上的人际交往与职业应用能力。

二、商务礼仪课程设置的重要意义

商务礼仪课程的设置伴随着商务日语的教学过程而存在。商务礼仪同属于必修课程，重在提升学生的职业素养与能力、道德水平为基本出发点。商务礼仪介绍了人际交往的重要意义，并且提出了人际交往的主要模式，针对学生在人际交往中出现的问题做出了具体分析，并且为更好地发展人际关系提出了具体要求。商务礼仪的学习，先向学生展示了完整的商务礼仪知识框架和具体的学习方法，让学生在掌握基本的要领之后系统的明确商务礼仪各分支包含的礼仪规范，如服装仪表礼仪、商务会话礼仪以及会务用餐礼仪等，使他们能够在学习专业知识的基础上，全面掌握人际交往活动中的礼仪姿态，为未来的就业及发展方向做准备。

商务礼仪具有较强的实践性，同时也是一门实用性较强的课程，学生需要在充分的了解相关专业课程之后对这门课程进行专修，通过了解一般的礼仪文化和商务礼仪的基本内容上，重点掌握各种实用而具体的商务礼仪规范与要求，以理论为主要指导，将知识化为品行，努力在教学的过程中提升学生基本的礼仪修养与素质，并且重在提升学生的职业素质及品行，其中也包括职业形象，使他们可以在未来的就业中努力胜任职位要求，推动商务活动的顺利进行。

三、商务礼仪在商务日语教学中的应用

（一）课程目标的设计

商务礼仪被应用于商务日语教学中，应该重视任务驱动的重要作用，并且以此为主要教学手段，通过结合现实的案例，让学生积极地参与角色扮演实践中，在表演的过程中感受商务礼仪的重点内容，同时并通过自己的理解来深化、完善，教师则扮演辅助的作用，积极地对学生参与的角色做出理性点评，让学生也可以进行自评互评，通过对每一个章节知识的认真学习，及时巩固学习的成果，提高自身的学习能力。

（二）职业能力的培养

商务礼仪属于一种实用性学科，课程的结构设计都会按照课程的教育形态进行分类，在商务日语教学过程中应该搭配商务礼仪的宣传，重视学生职业能力与基本素质的养成，时刻关注课程与企业的密切配合度，重点是了解商务礼仪的开放性。商务日语教学需要商务礼仪的配合，通过基础的语言知识运用，按照语言习得的基本规律，从最基本的听力会话付诸商务礼仪的实践过程，努力成为适应社会的商务日语复合型人才。

（三）拓展教学内容

一些简单的商务礼仪的课程对于学生的吸引力或许并不是很大，教师可以转变一下教学的内容，不仅仅只是说一些常规的商务礼仪。比如，教师可以针对用餐礼仪，为学生讲述两个国家的不同点，让学生感受到在不同的国家，可能同样的礼仪代表不同的意思，让学生明白商务礼仪的重要性，毕竟商务日语专业的学生以后从事的工作有很大的可能是需要与日本人接触和交流的，对于一些日本的商务礼仪更加应该了解一些，并且教师还可以给学生讲解一些商务礼仪的缘由，让学生从根源上去了解商务礼仪的文化背景，将商务礼仪的课程讲得更加生动有趣一些。

（四）多元化教学手段

在商务日语的学习中，无论是应用于哪种商务场合，都应该具备日语的正确知识和基本能力。商务礼仪的规范应该落实到会议、商谈以及电话对话中，正确的姿态理解与对方的谈话内容，正确理解公司的商务规范与商务习惯。当前多媒体技术的应用优化了商务日语教学手段，改革了传统的商务礼仪教学条件，更好地为学生营造出轻松愉快的学习氛围，使他们的自觉性与积极性得到提升。教师们改变了传统的讲解模式，通过多媒体对日本文化背景导入，通过启发式与研讨式的教学手段结合多媒体应用的过程增加了商务日语学习的直观趣味性，为优化课堂教学成果创造了条件。

通过商务礼仪与商务日语教学的结合，学生不仅可以轻松理解日本相关的商务习惯，也能更好地体会从事国际贸易与发达国家之间的往来时所应该具备的职业素养。这是一种实用性的结合，能够让他们在实践的过程中体会从事日本商务活动时各个环节上所需要的礼仪规范，真正地让学生可以将学与做融为一体，更加真实地体会实践的重要意义。

第四节 在日语教学中导入文化内容

随着语言研究的深入，人们越来越认识到语言与文化之间密不可分的关系。对外语学习者来说，如果不了解目的语的文化背景就很难正确使用所学语言，日语学习也是如此。但是，在日语教学中普遍存在重语言能力、轻文化内涵的问题，这种将语言教学从文化中剥离出来的教学方法是违背语言学习规律的，不利于学生外语综合使用能力的提高。日语教学除了完成大纲规定的内容外，还应加强文化的导入，突出日语教学中的文化因素，加强学生对日本文化的认识和理解，提高学生跨文化交际能力、语言综合能力和人文素养。

一、日语教学中文化导入的现状

文化导入是近几年提出的一个教学理念，即将文化引入语言教学中，是语言教学和文化教学的结合，也是外语教学实践性原则的延伸。然而，在实际教学中，虽然很多学校对文化导入的重要性有所认识，但是在日语教学中导入文化还远远不够。

（一）重视程度不够

在传统的日语教学中，教师一般沿用语法翻译法，强调对语法、语音、词汇三要素的掌握，把教学重点放到精讲词汇、分析语法、练习句型上面。而对学生的非言语行为能力、文化辨识能力和跨文化交际能力的培养，没有引起足够重视，忽略了语境和语用的问题，从而导致"重语言教学而轻文化导入"的现象。因此，学生在交际过程中往往不能恰当地使用日语来准确表达自己的意愿，有的甚至按照汉语的习惯来套用日语，造成交际困难。此外，大部分学校没有设置关于日本文化的课程，很少讲授日本的风土人情、社会文化以及生活习惯等方面的知识。虽然有的学校开设了日本社会文化论、日本概况等方面的课程，但也只是简单抽象地介绍一下日本文化。而且，文化课程的学时和学分设置非常少，还常被边缘化，因此，教师和学生都不是很重视。

（二）教学模式单一

教学模式决定着教学效果。然而，在日语教学中，教师一般只注重对学生进行听、说、读、写、译的语言技能训练，却很少对学生进行相应的文化导入。学生在实际的交际过程中，缺乏在恰当的场合使用恰当语言的能力，生搬硬套汉语式的日语，出现贻笑大方的现象。比如，在进行句型训练时，只是让学生机械地套用句型和朗读，却没有向学生讲解相应的肢体语言和表情，导致学生在和日本人交往时语言和肢体语言不协调。很多学生尽管通过了国际日语能力一级考试，但却仍然在工作中以及在和日本人的交往中发生交际摩擦和误会。

（三）教师对日本文化的了解不到位

优秀的外语教师除了能讲授语言技能外，还应熟悉目的语国家的文化知识。但是，实际上大部分日语教师对日本文化的学习和研究是远远不够的。很多教师只是单纯地使用教学法来进行词汇、语法等的教学，而对日本的历史、习俗、文化等知识知之甚少，不能灵活自如地在日语教学中导入日本文化。而且，有的教师连日本都未去过，或者是去过却没有在日本长期生活过，对日本文化的了解比较片面，不够透彻，仅仅停留在直观的表面印象上。有的教师甚至对我国传统文化的学习都不够，没有深厚的文化功底，更别说熟悉日本文化了。教师仅仅向学生传授语言技能，对中日文化异同不能进行比较和解析，学生自然就对日本文化一知半解。由此可见，教师只有熟知日本文化，才能更好地开展日语教学，让学生成为既掌握语言技能又精通日本文化的实用型人才。

二、日语教学中文化导入的基本内容

从广义上讲，文化包括物质文化、习俗文化和精神文化三个层次，文化因素从一开始便渗透至语言的各个方面，文化是语言的内容，而语言是文化的表象特征，不同民族的语言体现着其民族的心理、自然地理环境、社会历史等方面的特征。文化内容在教学中的导入包括语构文化、语义文化、语用文化。

（一）语构文化

语构文化即与语言结构相关的文化，是指词汇、句子、篇章的构成所体现的文化特点，不同的文化背景会造成不同的语言结构。虽然中国与日本的语言文字同属于汉字文化圈，但是从语言结构分类来看，汉语属于汉藏语系"独立语"，而日语属于阿尔泰语系"黏着语"。汉语的句式是主语—谓语—宾语，而日本的句式则是主语—宾语—谓语。语言结构是由民族心理和民族思维方式的不同决定的，在日语基础教学中如果能够加强对具有内在支配力的民族思维和民族心理的导入，对以后日语学习者的学习会起到很大的帮助。

（二）语义文化

语义文化是指因不同的历史文化传统和心理背景，各民族语言包含所特有的文化内容和文化精神。词汇是语言的基本构成要素，在语言中最为活跃、最有弹性，与文化的关系最为紧密。词汇语义文化包括以下几种情况：对应词的有无，词义范围大小有差别，词语褒贬意义不同，词语的引申义和比喻义，成语典故、谚语、俚语包含的特殊含义等。例如，日语中的"放心"是精神恍惚的意思，与汉语中"放心"意义截然不同；"樱花"是日本的国花，日本人常把"樱花"比作人生，意为人生虽然短暂，但应活得精彩；在日语中"老人"表面意为上了年纪的人，但是也常用"老人"指没有生活能力、不能自食其力的人，所以在日本如果称呼上了年纪的人为"老人""年长者"会让对方有一种"我老了，不中用了"的不快感。

（三）语用文化

语用文化指语言使用的文化规则，也就是把语言社会背景和人际关系联结起来所应当遵循的规则。各种交际场景包括称呼、寒暄、介绍、拜访、慰问、邀请、拒绝、提问、道歉、致谢、赞扬、抗议、告别等。日本人在与人的交往中谨慎而小心，在各类交际场景中的日常用语划分得非常详细。中国人熟人见面通常会问"吃饭了吗？"，其实并不是真想知道对方是否吃过饭了，只是一种打招呼的方式；而日本人熟人见面通常以谈论天气寒暄。这与两国的文化背景有很大的关系，中国人"吃饭了吗?"的打招呼方式源于经济不发达时代"民以食为天"思想意识，表达的就是对温饱的关注；而日本人一般不会问别人的隐私，而日本的天气却变化无常，所以谈论天气便成了最好的寒暄方式。我们在接电话时通常会问"你找谁? 你是谁?"，日本人无论接电话还是打电话，常常先通报自己的姓名或单位名称，然后再进行交谈，否则视为失礼。

三、日语教学中文化导入的方法

（一）比较法

在日语教学中，文化导入的重要性是不言而喻的，但是在文化导入的过程中，教师必须要找对方法，这样才能使学生更好地了解语言背后的文化内涵，从而加深学生对日语知识的认识了解，而比较法就是教师可以采用的一种文化导入方法。具体而言，比较法的使用主要是比较汉语和日语之间的文化内涵，如可以从词汇、句子、文化背景等几个方面出发，找出汉语与日语之间的相同点和异同点，进而帮助学生加深日语语言理解。

（二）解说法

在日语教学的文化导入的过程中，解说法也是教师可以采用的一种导入方式，由于语言和文化之间有着非常密切的关系，在日语之中有一些词语若是脱离了文化背景去做出理解，往往是很容易产生歧义的，因此在实际教学过程中，教师可以采用解说的方式，将一些语句中背后隐藏的文化背景、风俗习惯等解释说明，从而帮助学生更好地学习日语。

（三）演示法

在日语教学中的文化导入的过程中，很多语言背后的文化内涵，若单是依靠教师的口述讲解往往是存在一定限制的，而这就要求必要时教师可以采用演示的方法进行语言文化导入，从而给予学生一种身临其境的感觉，进而更好地加深学生对日语语言文化的认知和了解。例如，在实际教学过程中，教师可以采用多媒体这一教学工具，在讲解语言知识的同时，将日本的风俗场景、视频短片、影视作品等进行播放展示，从而加深学生对语言文化的认知程度。此外，在教学过程中，教师还可以带领学生采用角色扮演和角色模仿的方式，如让学生表演打电话时的片段，从而使学生了解日语的礼仪和说话习惯，通过真实的情境氛围，更好地理解特定的语言文化。这样的文化导入方式，可以纠正学生因文化不同而导致思维不同的语言误解，进而让学生对日语语言有更加深入的认知理解，从而推动学生对日语跨文化交际能力的提升。

四、日语教学中文化导入的策略

（一）培养学生日语思维能力，教学中注重文化背景

中日文化交流历史源远流长，中日语言有较为接近的文化背景，这是我们学习日语的一个优势。但是，日语与汉语属于不同的语系，每一种语言都有内在的规律。中日文化背景的相似也会干扰日语学习者的学习，要突破这种语言学习干扰必须培养学生的日语思维能力，增强学习者的日语文化环境，了解日语文化背景。在教学中使学生明白语言学习不是孤立的，了解日本文化知识、了解日语文化背景、掌握日语文化交际能力是学习的目标。学校可通过在学校举办日本文化节，组织中日学生交流学习，开展赴日短期学习交流活动，增强学生对日本文化的切身体现，继而提升文化感受。另外，教师可引导学生阅读日本经典作品，观看日本优秀影视作品，关注日本社会文化事例并进行分析等，使学生了解日本民族的心理和思维特征。

（二）加强文化对比，摒弃文化歧视

语言文化背景相似的情况下可加强双方的对比学习，通过学习了解文化中的不同点避免用自己的标准去衡量和要求别人，也可通过对比更加深入地了解和掌握日本文化，通过双方文化的对比消除对新接触文化的陌生感。多角度多方向文化对比可增进学习者对日本民族文化的进一步了解，进而增强学习趣味性。

（三）改革日语课堂教学课程

日语课堂教学应加强社会文化课程的设置，改变以语言教学为中心的课程设置系统，增加社会文化课程的比重，语言教学与文化导入放到同等重要的位置上；在基础课和理论课中增加文化因素的导入，如将日语中的习语、典故、日常生活言语行为及非言语行为作为微观的文化因素融入课堂教学，将日本人的价值观、思维模式、民族心理特征等作为宏观的文化因素体现在日语教学中。

（四）改革教学方法

日语基础教学中的文化导入关键是教师在实际教学过程中如何去实践。教师在教学中改革创新教学方法是关键。在课堂中引导学生模拟生活场景自编对

话练习、举办日语演讲比赛、开设日语专题讲座等，刺激学生的学习兴趣。另外，教师在教学中应积极利用先进的对媒体技术辅助教学。集文字、声音、影像于一体的教学方式可使学生更加直观地了解日本的民情风貌，增加学生的认知体验和学习兴趣，从而显著提高课堂效率。

（五）提高学生课外学习的意识

课外学习是补充文化知识的重要途径之一。课堂上几十分钟的学习时间不足以把握日语文化，引导学生开展课外学习可弥补这一不足。现在互联网发展迅速，教师可引导学生正确使用网络资源进行自主学习。现在高校或多或少都有日语外教，外籍教师可言传身教地介绍日本的社会情况、文化生活、风俗民情，鼓励学生在课下多和日语外教教师交流沟通。

日语学习者在掌握语言形式、结构的同时，必须对语言所附属的文化背景有相当的认知，这样才能正确地运用日语进行交流，从而提高跨文化交际的能力。因此，在日语教学中不仅要做好日语基础知识的传授，也要做好日语文化的导入，使学生成为优秀的跨文化交际人才。

第四章　创新视角下的日语微课教学

我国的信息技术正在不断的发展之中，而微课教学作为一种新兴的教学方式，也逐渐被越来越多的学习者所认可、接受，微课教学具有简短、精炼的教学特点，而且教学内容也十分丰富有趣，这样就能够一改传统教学枯燥、乏味的特点。本章主要论述了微课概述、微课在交际型日语教学中的应用、日语写作微课教学策略的设计、日语微课质量保障体系的构建及运行等内容。

第一节　微课概述

一、微课的定义

"微型视频网络课程"简称为"微课"，最早见于 60 秒课程以及一分钟演讲。而最早将这个概念用于教学的是美国新墨西哥州圣胡安学院高级教学设计师、学院在线服务经理戴维·彭罗斯。彭罗斯教授将微课程称为"知识脉冲"，认为只要在相应的作业与讨论的支持下，微课程就能够与传统的长时间授课取得相同的效果，其核心理念是在课程中把教学内容与教学目标紧密地联系起来，产生一种"更加聚焦的学习体验"。[①] 微课呈现的是以在线学习或移动学习为目的教学内容，时长一般为 1~3 分钟，突出关键的概念主题和活动，引导学生利用网络，根据所提供的资源和活动，建构自己的知识。

国内对"微型视频网络课程"有"微课""微型课程""微课程"等不同的称谓。近年来，随着微课实践的不断丰富和相关研究的逐步深化，微课的定义发生了很大的改变。在我国，微课的概念是由广东省佛山市教育局教育信息

---

① 周毅，梁臣凤．盲聋学校微课教学实用教程［M］．南宁：广西人民出版社，2015：05.

中心的胡铁生老师率先提出的。① 对于微课的概念，不同学者从不同角度出发会有不同的理解。从定义的字面意义来看，可以将定义归为三类：一是对应"课"的概念，突出微课是一种短小的"教学活动"；二是对应"课程"的概念，有课程计划（微教案），有课程目标，有课程内容（学科知识点），有课程资源（微课、微练习、微课件）；三是对应"教学资源"的概念，如在线教学视频、数字化学习资源包。尽管在定义的表述上有差异，但在定义的内涵上是有共同点的，即"目标单一、内容短小、时间很短、结构良好、以微视频为载体。"目前，在中小学实践或各类微课大赛中所出现的"微课"也都基本符合这些特征，从媒体形式上来看，就是一段与教学相关的视频。这些视频格式的微课在没有学生使用的情况下，即缺乏学习主体，自然就不会产生"老师与学生的交往过程"，也就不能简单地称之为微课。

微课作为新型的教学资源，是传统课堂学习的一种重要补充和资源拓展。特别是随着手持移动数码产品和无线网络的普及，基于微课的移动学习、远程学习、在线学习、泛在学习等将会越来越普及。

二、微课的特点

微课主要是针对传统教学资源的局限性提出的一种新的学习方式，其主要特点用八个字概括：精美、简洁、具体、生动。具体而言包括以下五个方面。

（一）主题明确

微课的作用主要是解决传统课堂教学中所出现的问题，比如，知识点复杂多样，重、难点层次不清，教学目标多样等。在微课的制作过程中，都是围绕教学内容中最重要的知识点或教学中关键的环节进行设计的，与传统的课堂教学相比，教学内容更加精简，教学目标更加明确，教学主题更加突出，这是微课教学最重要的特点。明确主题选取的教学内容非常具有代表性，只有教学主题突出了，整个教学才能真正地吸引学生的注意力，让学生更加容易地理解与学习。

（二）多元真实

多元主要是指微课资源的多样化，它不仅有微课视频，而且还有微教案、微课件、微点评、微练习等其他形式的资源，相对于传统的课堂教学视频而

---

① 吴琼.基于项目式学习的国家课程校本化重构［M］.广州：广东教育出版社，2016：98.

言，微课资源的多样化使得整个教学更加丰富多彩。在利用丰富的微课资源时，师生将同时从中受益，一方面学生可以利用微视频进行学习，以微练习进行相应的复习巩固，以微反馈的形式进行综合评价，使得学生的思维能力进一步提高，并且能够提升学生学习的兴趣。另一方面教师利用微课资源的多样化去实现教学观念、技能等方面的提升与深化，进而提高课堂教学效率，促进教师专业成长。

真实主要是指现场情境的真实性。微课的设计都会具体到一个真实的而不是虚假的场景之中，进而形成一个与具体的教学内容有机结合的微课堂。这种真实性的场景与现实生活紧密结合，比如，生物教学中的微课场景一般要选在实验室或实习、实训基地，体育教学中的微课场景一般要选在体育馆或运动场，并且在选择着装、教具时应与教学活动主题相一致，这样才能呈现出微课堂的情境性。

（三）弹性便捷

传统的课堂教学对教学的时间有着严格的规定，而微课在时间安排上却有其明显的优势，即微视频的时间比较短，一般在 5~8 分钟，最长时也不应超过 10 分钟，这比较符合中小学生的认知特点，有学者对可汗学院、TED、佛山微课三个比较有影响和知名度的项目中的微课进行调查统计，结果显示，微课的时长以 0~10 分钟为主，在调查的微课中，小于 10 分钟的约占 83.3%。从中可以看出，学习者学习的时间相于以前，是非常短的。微课资源的容量不会超过百兆，易于存储、便于携带，使微型学习成为可能。因此，学习者在完成微课的学习时所花费的时间和精力不会太大，这样更有利于学习者弹性安排个人时间，非常便捷，并更加人性化。

（四）共享交流

共享是网络资源的核心理念。就微课目前的发展来讲，其不仅具有网络资源丰富、交往、便捷、互动等优势，而且打破了利用资源在时空上的限制，实现了教学资源的共享。除此之外，微课还为学习者提供了一个网络学习与信息交流的平台，教师在微课教学后会把微视频上传到信息技术资源管理中心的网站上，供同行借鉴学习，还可以充分利用同行的经验不断地挖掘自身发展的潜力，加强交流与沟通、分析评价、强化教学反思。实际上，这就是我们现在所提倡的教师学习共同体的一个方面，它由教师群体构成，以网络式的虚拟场景为基础，以便教师进行交流与学习，从而实现教师个体的专业发展。

（五）实践生动

前四个方面的特点使得微课受到社会各界人士的好评，对于一线教师来说更是如此。由于微课开发的主体是广大一线教师，加之微课开发的本身就是以学校的教学资源、教师的教学与学生的学习为基础的，因此，越来越多的学校通过微课这种新的学习方式进行探索研究，挖掘本校的微课建设，本身就具有很强的实践性。在实践的过程中，需要注意微课的表达方式，生动活泼不仅体现在精美的画面、动听的音乐以及明确的主题上，还体现在精心设计的流程及其相应的互动方式上。

三、微课的优势

（一）微课在学生学习过程中的优势

第一，激发学生学习的兴趣。微课的核心资源是微视频，它以一种新媒体形式，凭借其形象性、趣味性、新颖性，极大地调动了学生学习的兴趣，使学生的学习化静为动，化抽象为具体，化呆板为生动，从而提高学习效率。

第二，促进学生自主学习能力培养。教师把学生学习中的重点和疑难问题制作成微课，作为传统课堂学习的一种重要补充和拓展，上传到网络，为学生提供了自主学习的环境。微课内容被永久保存，学生可以自主选择点播学习的时间和地点，既可查缺补漏、强化巩固知识，有针对性地解惑，又能调动学习者学习的主动性。

第三，满足学生个性化学习需求。由于视频可以反复播放，而且视频播放快慢具有可调性，可让不同程度的学生根据自己的基础和接受程度观看视频，从而更好地满足了学生对不同学科知识点的个性化学习，较好地解决了后进生的转化问题。

第四，便于家长辅导孩子学习。对家长来说，微课是辅导孩子学习的、浅显易懂的、见效最快的在线家教资源。

（二）微课在教师专业发展中的优势

微课将革新传统的教学与教研方式，突破教师传统的听评课模式，是教师专业成长的重要途径之一，在教师专业发展中发挥着独特的优势。

1. 知识的拓展性

为拓展知识点，教师就必须查阅资料去充实内容，才不会显得空泛和空洞。那么，在拓宽学生视野的同时，也丰富了教师的教学资源。教师和学生在这种真实的、具体的、典型案例化的教与学情景中可以实现"隐性知识"，并实现教学观念、技能的迁移和提升，从而迅速提升教师的课堂教学水平，促进教师的专业成长。

2. 空间的随意性

教师不再受"教室"这一传统的课堂教学地点的束缚，视频录制地点也显得随意得多，可以使用手机等摄像设备在办公室、实践基地、社区，甚至家里进行拍摄和录制，也可以坐在电脑前，使用录屏软件进行视频或音频录制。

3. 角色的可换性

微课使教师从演员型的教师转变为导演型的点化学生智慧的导师。

4. 研究的科学性

制作微课，就是微研究的过程，教师在经历"研究—实践—反思—再研究—再实践—再反思"的循序渐进、螺旋上升的教学过程中，教学和研究的水平与能力也在不断提升。

5. 应用的广泛性

在说课中应用，微课可以帮助教师提升信息化教学设计这一核心能力；在评课中应用，微课可以提升教学评价能力和教学反思能力；在分享、交流中应用，微课可以方便教师之间教学经验和方法的交流，实现团队互助、共同提升。

6. 反馈的及时性

教师录制微视频的过程中，可以及时获取他人对自己教学行为的评价，能边上课边修改。相比于传统教学活动，能最大限度地优化教师的教学行为。

四、微课的功能

(一) 微课能满足学生的个性化学习需求

翻转课堂强调以学生为中心，学生在学习过程中具有更多的主动权。教师根据学生的需要为学生提供不同形式的"支架"，不断引导学生的思维，帮助学生顺利跨越最近发展区而获得进一步的发展。同时，它对学生日后的探究学习也起到潜移默化的引导作用，使得学生能够根据实际需要寻找或构建"支架"支持其学习。

对学生而言，微课能更好地满足学生对不同学科知识的个性化学习、按需选择学习，既可查缺补漏又能强化巩固知识，方法灵活，效率提升。

首先，学生可以按照自己的进度和步骤学习。学生在观看视频学习新知识时，可以根据个人需要自定进度，随时暂停、倒退、重播和快进。如果忘记了较长时间之前学习的内容，还可以通过观看视频获得重温。这种个性化学习方式能有效地提高学习绩效。然后，教师在课堂上对有困惑的学生进行个性化指导。学生做课堂作业的时候，教师通过巡视或观察学习管理平台，及时发现有困惑的学生，并立即介入，给予"一对一"的个性化指导，从而解决针对所有学生讲课"一个版本"所造成的针对性不强的问题。

研究表明，通常教师为缺课学生补课时，45分钟的课堂教学内容，只需要10~20分钟的时间就可以完成。原因在于："一对一"的补课中，学生态度特别诚恳，受环境干扰少，注意力特别集中，所以，教学效率特别高。这就是具有心理学意义的"一对一效应"。[①]

微课程教学法认为，微课程实验具有"人机一对一"特征，当"人机一对一"学习材料具有足够的重要性、趣味性或其他吸引学生关注的因素的时候，就能产生面对面的"一对一效应"。

(二) 微课革新传统教学与教研方式，促进教师的专业成长

对教师而言，微课研究的优点很明显，相对于传统听评课，微课课例简单，学习内容与目标单一，能节约学习和研究花费的时间；教师从微课中可以得到启发，有些东西甚至可以照搬或者迁移应用到自己的教学之中，实现教学观念、技能、风格的模仿、迁移和提升，从而迅速提升教师的课堂教学水平，促进教师的专业成长。

翻转课堂中，新知学习由课堂内转移到课堂外，教师不可能再为学生的新知学习"保驾护航"，这项任务从一定意义上说由微课承担了。因为课前教师已经提前备课并根据课程内容及导学案精心讲解重难点知识并录制成微课，学生在学习的时候可以参照微课的讲解。这样微课就把教师从传统课堂的知识讲解中解放出来，使教师有更多的时间研究教学。

除此之外，微课有助于新教师的成长。新教师可以利用一些零碎的时间去反复观摩学习优秀教师的微课，还可以根据自己的认识向优秀教师提出疑问，以形成自己的理解；优秀教师对新教师的疑问给出解答，使传、帮、带可以跨时空地进行。

新教师的课需要经过一次次打磨，才能变成一节优质课。微课的出现，给了他们一个试讲的机会。新教师在课前制作微课，在微课录制过程中便有了试讲的机会，也等于是对自己的教学设计进行一次自我检查，发现问题马上解决，而不是在真正面对学生时才发现有问题从而导致出现手忙脚乱的情形。

---

① 金陵. 大数据与信息化教学变革 [J]. 中国电化教育，2013（10）.

录制微课，使教师有机会听听自己的课，查找自己教学中的问题，有助于教师的自我提高。微课的录制过程要求语言流畅、精练，这是教师需要多注意、多锻炼的方面。微课录制完毕就可以观看检查，有利于教师及时发现问题，做出修改。在这个过程中，教师可以把因失误造成的错误以及口头禅、不必要的停顿等不利于学生学习的问题一并解决。

第二节 微课在交际型日语教学中的应用

一、微课在交际型日语教学中的辅助作用

目前，在日语教学领域将微课教学方式引入传统课堂教学中的研究日益兴起，并且越来越受到日语教育工作者的重视。微课对日语课堂教学的辅助作用，主要体现在以下几个环节：课前铺垫、课堂展示、课后复习。

（一）课前铺垫——提高课堂教学效率

从日语教学的实效性来说，听、说两种技能的训练应该放在首位。传统课堂教学中往往十分注重语法的讲授，教师花费大量时间写板书，同时学生忙于抄写笔记，在有限的课堂时间内，学生没有充足的时间进行听说练习。因此，在传统日语课堂教学模式下，很多学生看和写的技能没有问题，但听不懂也说不出来，通常被说成是哑巴日语。授课教师可以利用信息化教学手段——微课，对传统日语课堂教学进行补充，利用微课在课前进行知识复习铺垫，把课堂上复习旧知识的时间节省下来，留出更多的时间进行听、说等实用技巧的训练，从而大大提高日语课堂教学的实效性。

在讲授日语语法授受动词作补助动词的内容时，传统课堂教学方法一定是要先对以前学过的补助动词进行复习，因为日语补助动词除了有三个基础词以外，还有由这三个基础词引申出来的敬语表达形式，复习起来需要占用较多的课堂时间。现在，备课时，由教师以讲授的形式，将授受动词录制成微课，安排为课前预习作业让学生观看，这样可以有效节省课堂复习旧知识的时间，为听说训练提供充足的时间。

（二）课堂展示——激发学习兴趣

传统的日语课堂教学中，在讲授课文时往往采取翻译式教学法，偏重词语

含义的解释和句子意思的翻译。学生与教师之间传递信息的途径是对话和板书，对于教师的讲解，学生只是被动接受。课堂气氛死板沉闷，久而久之，容易使学生失去学习日语的兴趣。

在讲解关于"日本茶道"的课文时，可以将课文内容改写成剧本，组织学生排演课本剧，进行视频录制，制作成微课，在课堂上展播。学生看到由自己或自己身边的同学出演的节目，定会兴趣盎然，从而有效强化日语课文教学效果，让学生在身临其境中体会日语的表达，这种微课教学方式比单纯地对课文内容进行讲解更能活跃课堂气氛，激发学生学习兴趣和学习潜能。

将情境式微课引入到课堂教学，为学生创设语言情境，教学形式丰富多彩，教学内容生动立体，能有效调动学生学习日语的积极性，课堂气氛轻松自在，教学效果显著。

（三）课后复习——弥补知识漏洞

对于日语学习，课后及时复习十分重要。微课可以帮助学生实现课后及时复习，巩固新学知识，弥补知识漏洞。特别是对于日语语法中的重点和难点，以及每个学生在课堂学习时遇到的问题、疑惑，在课后可以通过反复观看微课进行补充，提高学习效率。

例如在日语语法中，被动句的学习是个难点。被动句式分为几种表达方式，在不同的场合要使用不同的句式，其中每种句式中的助词也有使用规则，往往需要进行反复理解和练习，才能真正掌握日语被动句。教师可以利用音乐、图片、文字等多媒体手段，制作一个关于"日语被动句"的 PPT 式微课，通过 PPT 的自动播放功能，从而实现对课程教学内容的再现。这种形式的微课便于学生课后及时复习，弥补知识漏洞。

二、微课在交际型日语教学中的应用策略

（一）优化教学内容，制作微课例

在"微课"教学中，拥有好的微课例教学资源是必要的前提条件。微课例可由老师自行制作，或者从互联网上引用他人制作的微课例。目前网上共享的微课例教学资源相对较少，老师可自己制作微课例进行教学，能够更好地满足老师和学生学习的需求。微课例的时长通常不超过 10 分钟，因此要对教学内容进行优化。以《新编日语》教材的教学为例，在内容上可结合学生的兴趣爱好进行选择，而并非所有课时都采用微课教学方法。《新编日语》教学题材以学生学校生活、家庭生活及社会方面为主，同时兼以介绍日本的文化与风

俗，老师可根据学生对题材的兴趣确定教学内容。此外根据课程的性质进行微课教学，如语法类课程、商务日语及实践操作课程等专业课程，以及日本文学史、日本事情与企业文化等具有特色的选修课课程，均可采用微课教学法进行教学。确定教学内容之后，就要采用合适的形式制作微课例，如视频、录音、PPT及文本等形式。操作课可采用视频外加解说、字幕的方式制作，词汇、语法用法等基础知识可采用PPT配合解说并转换成视频的方式制作。此外，根据教学的重难点，将重要部分以微课例的形式展示，能增强学生对重点的记忆、理解程度。根据不同的教学需要选择不同的制作方式，将教学内容客观形象地展示在学生的面前。

（二）明确学习目标，优化日语教学环节

区别于纸质教材，微课教学能将教材内容展示得更为直观、灵活。在学习目标的体现方面，微课程通常采用开头点明，直入主题讲解知识点的形式进行，能够端正学生的学习目标。日语教学通常需要进行循序渐进的教学，在环节的设计上通常按照发音、应用、文化知识的顺序进行教学、在一节40分钟的日语课堂学习中，微课例通常占据不到1/4的时间，因此在实际教学中，微课教学可应用在发音、应用及文化知识等教学环节。如在"日语数字"的发音导入环节，可采用微课视频播放日语数字发音及数字与量词的组合实际的形式开展，同时采用字幕的形式在微课例末尾链接下堂课的主题，从而引出该课时的内容。使用微课教学能将各个教学环节、教学步骤之间变得更为紧凑。

（三）因材施教，优化教学形式

目前被广泛应用的传统日语教学方式，无法做到因材施教。在传统的教学方法下，老师不可能迁就学生而改变教学内容、教学方法，因此教学内容、教学手段通常是统一的。但是在实际的教学中，学生的学习需求、学习方式等各不相同，因而老师相同的教学内容、教学方式与学生的学习需求与学习方法之间往往存在着矛盾。因此，老师可通过微课程教学实现因材施教，满足不同学生的学习需求，缓解教与学之间的矛盾，提高学生的学习质量。如在日语的入门课程中，老师可将进度不一、内容不一的微课程上传至共享平台，供不同学习需求的学生学习。如发音存在困难的学生可选择指导发音的微课程进行观摩学习，而对于书写存在困扰的学生可选择指导书写的微课程进行学习。学生学习的能力有所不同，学习的进度也有所不同，因此老师可指导学生观看同一内容不同进度的微课例。针对学生具体的学习需求进行微课程教学，优化教学方式，实现因材施教的教学理念。

第三节　日语写作微课教学策略的设计

一、日语写作微课教学策略设计的依据

（一）学生的学习特征

1. 学生日语写作学习态度与动机

考试是大部分学生学习日语的最主要目的，学生对日语写作的学习兴趣不足，写作能力较弱，且没有养成好的学习习惯和掌握正确的写作学习方法。大部分学生都对日语写作学习有畏惧心理。学生的学习主要还是来源于课堂中作业中，自己主动的模仿练习也并不多。所以说大多数学生的学习写作方法仍是被动的，因而他们的写作学习的自主学习能力也有待提高。

2. 学生认知特点

学生对学习的观察水平和对知识的感知能力在不断提高，他们的学习更加有系统性与目的性。学生认知结构的相关要素发展迅速，相关认知学习能力不断得到提高，基本实现了向理论思维的转变。其中表现突出的是发散思维、辩证思维以及创造思维能力得到了极大发展并日益成熟，因此可以说学生认知结构的体系日趋完整。除此之外，学生的认知活动意识明显增强。随着自我意识的发展及理性思维的成熟，学生的想象力与有意识记忆得到迅速发展，思维的目的和方向更加清晰，自我评估和自我调控能力均得到明显增强。但在日常写作微课教学中仍需调动学生思维的发展，激发他们的学习兴趣。因而在制定教学策略时，也要考虑到学生的认知特点、学习需求，才能够更有效地进行写作教学。

（二）教师自身的特征

教师是写作教学过程中选择，制定与实施写作教学策略的主体。教师的心理素质、日语写作专业知识技能、写作教学经验、教学思想风格与方法技巧等教师自身的特点是影响写作教学策略制定的主观因素。教师通常会选择契合其心理特征、经验、理念、知识结构或者是教学风格相同的教学策略。

对于有着丰富知识和经验的教师来说，他们可以从不同的教学问题场景和学习者的需求来设计制定相应的教学策略。教师对信息技术的掌握将极大地限

制教学策略的选择。因而，在选择与制定日语写作教学策略时，要对学生特点进行分析的同时，还要充分调动教师的主观能动性，克服教师自身特点中的消极因素，发挥其积极因素。

（三）微课教学的特点

清晰明确地认识到写作微课教学的特点是制定有效的写作教学策略必不可少的一步。

首先，从学生的角度看，学生对知识的学习具有独立的决定权和选择权，学生可通过写作微课进行自主写作学习。并且为了达到良好的写作教学效果，写作微课教学必须要满足学生的学习需求。

其次，从写作教学知识传递的角度来看，通过微课教授写作教学知识本质上是教授间接经验，学生对写作知识的学习是获得写作间接经验的一种过程。

最后，从写作教学的过程来分析，传统微课写作教学教学过程缺乏师生间双向互动，学生被动接受学习，微课中知识信息的传递大部分是教师来进行的单向传送。

由微课教学特点的分析可知，有意义接受学习是写作微课教学的本质。另外，学生作为写作学习的主体，具备较大的主动权，微课教学是一个经由视频向学生单向传递教学信息的过程。所以要从促进有意义学习和注意激发学习兴趣这两个关键点出发来对日语写作微课教学策略进行制定。

二、日语写作微课教学策略的设计原则

（一）系统性原则

微课是为学生高效自主的学习而设计开发的，它浓缩了课堂资源，能够展现课堂中的核心知识内容。一般情况下不会只涉及一个作品，通常会以互联网为传播的渠道，并且为了满足学生的实际学习需求，向学生展示更生动的、有针对性的并且丰富的学习内容，并根据某个知识点创建一个主题系列微课，因此在制作微课时要更加注意知识的完整性与逻辑性，并有机地连接分散的知识点使微课的顺序，从容易到困难，从简单到复杂，并在具体的写作教学中进行实践。

（二）目标导向原则

教学目标的分析则是制定或选择教学策略的关键。写作微课的教学知识容量少，教学目标也相对较少。教学时间应在十分钟以内，短短十分钟的日语写

作教学很难达到情感态度价值观层面的目标。此时，为了实现情感目标，在制定教学策略时，可注意通过情景来对学生进行引导。此外，写作教学目标的制定也应与课堂写作教学有所区分。原因在于日语写作微课作为辅助课堂写作教学的手段，其教学内容很大程度上是教学易错点、重点、难点等。在对日语写作教学策略进行设计时，要充分考虑到如何让教学内容的具体目标得到实现。

（三）学生主体性原则

随着教学改革的深入，学生的主体地位日益突出，因为日语教学改革作是课程改革的重要内容之一，所以"日语写作微课"的设计应更加突出学生的主体地位，大致从以下方面来表现：

（1）依据不同阶段的学生的学习习惯、学生认知水平以及学习能力制定多种多样的微课，同时在设计"日语写作微课"时，要实现"日语写作微课"的梯度变化，尊重学生写作学习中的差异。

（2）在设计写作教学内容时，要考虑学生教学活动的参与情况，设计学生参与讨论的活动，加强师生之间的互动环节，并注意保持学生的主体地位。

实践表明，如果忽略学习者的年龄特征与认知特征，那么设计制定或选择的教学策略会缺乏针对性。日语写作微课教学策略的设计应侧重于学习者的个性化学习。并把保持学习者的主体地位看作是制定有效日语写作教学策略的基础。

三、日语写作微课教学策略的制定

（一）日语写作微课设计过程中的教学策略

1. 将情景创设教学策略应用于教学内容呈现

在建构主义指导下的"日语写作微课"教学强调情境的建构。通常，"日语写作微课"的设计是根据创设情景来设计写作教学的内容的。有很多方法可以来创设微课写作教学中的情景，例如图片、对话、短片甚至是教师所进行的语言描述。老师应依据特定的日语写作教学目标、教学内容和学生的自身特点来进行创建情景的方式选择。

2. 将启发式教学策略应用于教学内容传递

"启发式"教学的核心是对学生的创造能力与独立思考能力进行培养。它要求以老师为主导、学生为主体，教师根据写作教学目标和学生的实际写作情况不断优化微课教学内容的传递方式，在教师自身的指导下，激发和引导学生参与写作学习的教学活动，促进学生写作思维能力的发展。具体的启发式教学策略包括：

首先是讨论启发教学策略。它是一种师生互动性的启发教学方法，对于写作微课教学中则是一种模拟的师生互动，讨论要以老师为主导，学生为主体。在师生讨论中，学生的发思维敏捷性和反应能力得到了提高，同时也提高了日语写作教学的针对性与有效性，并大大提高了写作教学的效率，引导学生主动进行写作知识的思考，使教师的教与学生的学完美地融合在一起。

其次是提问启发策略。在这一策略中，教师在对学情进行相关分析后，为了培养学生的写作学习兴趣，教师设计了一些启发性的写作问题，从而引发学生的主动思考，最终引导他们找到问题的答案。这样既可以拓宽学生的写作思维，又可以调动学生日语写作的学习热情。

最后一种是情感启发教学策略。沮丧的情绪会抑制人的思维，而乐观开朗的情绪有助于涌现灵感。写作微课教学不仅是师生之间知识信息的传递，而且应当包含着师生间感情的交流。为此，老师应在微课教学过程中联系所教授内容努力地激起学生的相关情绪，使学生在获得生活启迪的同时集中精力来进行日语写作的学习。

情感启发的方式有许多种，可以通过图片、影音、音乐等方法，使学生感同身受，并引起共鸣而自主地去探索写作方式。

（二）日语微课实施过程中的教学策略

1. 将自主学习教学策略应用于课前预习与课后复习

自主学习教学策略通常是指个人自主确定学习的目标，自主地对学习方法进行选择，并自我监控学习以及对学习结果进行自我评估的一种过程。在这一教学策略中，学生应对自己的学习活动与行为负责。《基础教育课程改革纲要（试行）》在论及基础教育课程改革的具体目标时指出："改变课程实施过于强调接受学习、死记硬背、机械的现状，倡导学生主动参与、乐于探究、勤于动手，培养学生搜集和处理信息的能力、获取新知识的能力、分析和解决问题的能力以及交流与合作的能力。"[①] 从中可以看出，培养学生的自主学习能力与引导学生学会自主学习是教学中两个非常重要的方面。

我们把自主学习教学策略大致分为两种，一种是课前进行写作预习策略，一种是课后进行写作复习策略。为了唤起学生的写作自主学习意识，把生动、直观及形象的写作微课用于新课预习这样不仅可以降低写作学习难度，而且还

---

① 教育部.《基础教育课程改革纲要（试行）》［DB/OL］. https：//wenku. baidu. com /view/ 7aa7146e0b4e767f5bcfce66. htm1，2018（06）.

能让教师找出学生在微课学习中遇到的问题，更有针对性地对学生的写作学习进行引导，打造高效日语写作课堂。写作微课用于课后复习巩固能实现学生的个性化写作学习需求，提高其自主学习写作能力。

2. 将小组合作教学策略应用于课堂中教学活动

中国小组合作研究教育学者王红宇认为："小组合作学习，实际上是按照规定的要求与合作程序，以小组学习为主要组织形式的课堂教学，通过小组的共同探讨和综合学习，从而实现学生在人际交往中认知与情感的提升的这样一种教学策略。"①

这里，日语写作微课教学策略中所采纳的小组合作活动主要包含两种。第一种，教师对学生进行分组，然后由小组间进行讨论总结写作模板，以便为今后写作提供框架，最后选其中几组进行展示。在此进行的小组合作活动有利于学生们集思广益、互相启发、提高学生学习的热情、培养合作精神以及带动课堂气氛。第二种在写作完成后，学生先自评，然后小组间进行互评，最后再由老师进行评价。在互评中，学生可以学习他人优秀的句子表达，对于其中易错点有更深刻的理解，从而提高自身的写作水平。总之，小组合作活动教学策略契合了《普通日语课程标准》中倡导的指向学科核心素养的日语学习活动观和自主学习、合作学习、探究学习等学习方式，值得广大教师在微课写作教学中采用此种方式。

3. 将交互式教学策略应用于课堂中教学内容传递

互动式教学是一种教学方法，主要根据宏观教学的情况并结合自由的教学平台，根据特定的问题或主题进行教师的教和学生的学。各种形式的写作教学活动中都存在交互作用，其中交互具体是指教师和学生之间所进行的知识信息交换，因此，实际上，互动是日语写作教学活动的最基本特征之一。而且交互式教学非常重视学习者之间的相互支持和促进。因而，学生应在教师的带动下对写作教学知识点进行讨论，从而加深对写作教学内容的理解。

---

① 王红宇. 美国合作学习简介 [J]. 外国教育资料，1991（05）.

第四节　日语微课质量保障体系的构建及运行

一、日语微课质量保障体系的构建

一般而言，基础教育的课程质量保障体系分为两类，即内部保障体系与外部保障体系。内部保障体系主要指学校内部的组织体系、质量监控与质量管理；外部保障体系则主要指教育行政部门或社会中介机构建立的政策、制度与质量评估体系。我们拟从内部体系和外部体系两个层面对日语微课质量保障体系的构建进行阐述。

（一）日语微课质量内部保障体系的构建

1. 日语微课质量内部保障的组织体系

日语微课质量保障体系的构建与传统基础教育课程既存在相似之处，又有一定差异。传统课程质量保障的组织体系主要涉及的学校职能部门有校长室、教务处、德育处以及下设的年级组或备课组等。因此，微课的质量保障体系的构建，首先需要设立"校级—年级—团级"的三级管理组织体系，切实抓好学校微课教学与质量管理工作，定期开展微课建设培训指导，促进日语学科与其他各学科进行微课建设的交流，接收各学科微课建设的反馈等。专门设立微课教研团队，负责各大微课赛事的准备，促进全校微课建设交流；完成校本微课建设的任务，提升学校在微课建设领域的技术水平。该组织体系具体到每个层级的职责如下：

校级：根据国家教育行政部门的相关政策文件，结合本校实际，制定基于本校日语学科的微课质量管理制度和实施计划，并指定年级组长督促日语学科领头人进行落实，实现微课质量保障的制度化管理。

年级：接收来自校级的制度文件，开展微课质量监控和评估，编制微课教学质量报告；组织指导日语教师参加国内日语微课竞赛；培训全校日语教师学习微课开发和微课教学；定期开展微课竞赛交流和教研活动，促进教师的微课制作水平和微课教学质量的有效提升；定期向校级职能部门反馈微课建设的相关问题，发挥年级应有的监督和上传下达功能。

团级：贯彻落实并严格执行校级和年级的相关管理文件和计划；团队成员要积极开展微课建设，做好日常微课制作开发与实施全过程的质量管理与控制工作；整理收集学生的学习微课的记录，形成提高和改善微课质量的意见和建议反馈并将反馈向上传达给年级。

"校级—年级—团级"的三级管理组织体系相互影响和制约，共同构成日语微课质量内部保障的组织体系（如图4-1）。

图 4-1　三级管理组织体系

2. 日语微课质量内部保障的条件体系

日语微课质量保障条件体系，主要依靠学校的投入，具体涉及以下几个方面：

（1）推动思想文化建设

学校应当树立日语微课质量管控意识，坚持"以学习者为中心"的微课建设理念，以培养学生核心素养为指导思想，根据普通日语课程标准，制定日语学科的校本微课建设方案，实现微课人文性与工具性的融合统一。

（2）完善竞争与奖励机制

微课制作开发对教师的信息技术水平有一定的要求，不少教师在制作微课时囿于自身观念或技术水平有限等因素，容易对微课制作产生畏难甚至抵触情绪。其次，日语的学科特性决定了教师日常的教学任务相对繁重，教师用于制作微课的精力更为有限。因此，学校应创造条件，鼓励教师制作微课，进行微课教学的探索，并从制度上，向愿意接触微课的教师倾斜。建立适度的内部竞争机制激励教师突破自己舒适圈，对微课建设有贡献的教师应提供物质和精神的双重奖励。

（3）加强师资队伍建设

完善师资管理，确保人才结构合理且利于学校日语微课团队的建设。同时，为学校教师提供国内日语竞赛指导以及微课培训的学习交流平台，开展日语微课专题教研活动，拓展教师微课建设的思路。

（4）完善设施设备及网络建设

微课建设对学校教学办公的设施设备以及网络环境的建设具有一定的要求，学校应划拨专用经费，用以改善校园网络环境，引进成熟的微课开发设备、软件，保障微课建设和微课质量监控的硬件和软件条件。

3. 日语微课质量内部保障的评价体系

微课建设从分析、设计、开发、实施到反馈，整个环节是一个动态变化的过程，每一环都需要质量保障监控，不仅要考虑教师的教学效果，也要考虑学生的学习体验，还要反映微课管理人员的管理水平，全面保障微课的质量，让其更好地服务于教学实践。根据微课的特性，我们的研究基于微课开发模型，拟建立"分析—设计—开发—实施—反馈"五位一体的动态质量评价体系（如图4-2）。

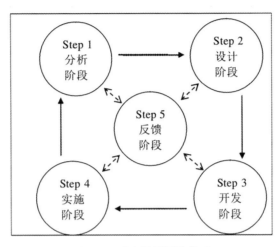

图4-2　动态质量评价体系

（1）分析阶段

微课开发初期，教师应坚持"以学习者为中心"的微课建设理念，以培养学生核心素养为指导思想，根据普通日语课程标准，对教学对象的年龄、兴趣点、认知水平和知识结构等因素等进行深入分析。在此基础上，参照语言技能、语言知识、情感态度、学习策略和文化意识等五个标准，确立微课的教学目标，在主题语境、语篇类型、语言知识、文化知识、学习技能和学习内容六个要素中筛选，恰当选题，确定微课的教学内容。同时，教师应注意避免陷入"重知识，轻技能"地观念误区，尽可能开发针对不同知识模块的微课，促进微课的多元化发展，为全面保障微课质量奠定基础。

（2）设计阶段

根据分析确定的教学内容和教学目标，选取适应的教学方法，创设情境，完成具有教学对象针对性的微课教学设计。从设计上，把控微课时长范围，在相应的时间内，将知识点讲解清楚，保证微课的交互性，实现微课实用性与艺术性的统一，设计出真正"短小精悍"的微课，把好微课设计的质量关。

（3）开发阶段

微课的开发是核心阶段，其对教师微课理论积累和信息技术水平都有较高的要求。在微课开发过程中，教师必须遵守一定的技术规范。以录屏型微课为例，教师需要完成基于微课的脚本编写并制作微课开发所需的高质量 PPT 课件。其次，教师还需准备电脑和录音设备，使用录屏软件、音频编辑软件等进行微课视频的录制与剪辑。在微课视频剪辑时，不仅要注意视频音画同步、完整性与清晰度、播放流畅情况以及格式是否兼容等质量问题，还要尽可能地选用多元呈现方式，实现对教学对象的多模态刺激，保证微课的科学性，增加微课的趣味性，调动学生的学习热情。另外，在积极加强校本微课开发的同时，教师还需要完善与微视频配套的资源开发，如微教案、微练习、微反思、微点评、微反馈等辅助性教学内容，进一步优化微课的课程结构，把好微课资源开发的质量关。

（4）实施阶段

微课的实施一般需要借助相应平台。为避免在微课教学过程中的过度"碎片化"，教师可借鉴知识图标，帮助学生构建系统的以知识点为单元的日语知识网络，或在微课中引入一定的游戏机制，设置趣味测试、闯关练习、自动反馈、评分排行榜等模块，调动学生的学习积极性，提升微课教学的质量。

（5）反馈阶段

微课的教学实施是一个动态的过程，这个过程本身会生成大量的数据。教师可提取对微课本身质量和微课实施效果具有影响的数据，对微课进行动态的跟踪完善并将改善策略用于下一轮的微课分析、设计、开发和实施中，循环更新，提升微课质量和微课教学效果，使微课更好地服务于教学实践。

（二）日语微课质量外部保障体系的构建

课程的外部保障体系主要起着对课程发展进行规划、引导和制约的作用，保障课程的健康发展和有效运行。日语微课的外部保障体系包括教育行政部门与学校联盟两方面。日语微课质量外部保障体系的构建以教育行政部门管理为主，学校联盟的评估为重要手段。

1. 教育行政部门

1949 年，我国成立教育部并设有高、中、初等教育司，负责早期的教育课程监控。2000 年以后，国家陆续出台教育监控的相关政策文件，成立质量监控部门，逐步形成了三级课程质量管理与监控体系。随着监控体系的不断发展，基础教育质量监控逐渐受到相关部门的重视。"2003—2007 教育振兴行动计划"提出"基础教育课程改革是全面实施素质教育的核心环节，要深化基础教育课程改革，必须建立国家和省两级新课程的跟踪、监测、评估、反馈机制，加强对基础教育质量的监测"。

2017 年，国家对普通日语课程标准（2003 版）进行修订并出台了普通日语课程标准（2017 版）（以下简称"新课标 2017"）。"新课标 2017"提出，地方教育行政部门与学校要重视立德树人的基本理念，深入理解日语学科核心素养在普通日语课程体系乃至整个日语教学中的重要核心地位，促进学科核心素养和日语学业质量标准的贯彻落实，始终把与人工作放在日语教学工作的首位，根据课程标准制定实施计划和相应措施，同时加强师资培训，提供经费、时间等多方面的支撑；开好必修、选择性必修和选修课程；发挥学科特点，开展多种形式的日语实践活动；采用多元评价开展学分认定；改善教学条件，开发多种形式的用于教学资源；鼓励和支持学校开发校本课程等。总体而言，"新课标 2017"强化了课程有效实施的制度建设，进一步明确了课程实施环节的责任主体和要求，从课程标准、教材、课程规划、教学管理以及评价、资源建设等方面对国家、省（自治区、直辖市）、学校分别提出了要求，并增设"管理与监督"部分，强化各级教育行政部门和学校课程实施的责任。"新课标 2017"发布后迅速成为广大一线教师心中的权威，给教育行政部门、学校、教师就教学相关工作的开展提供了重要参考。

然而，调查发现，目前我国教育行政部门中，实际上仍旧没有专门设立针对日语微课质量监控保障的部门，微课的质量监控工作大多被交叉分配给教研室、教科院、教科所、督导室等相关部门，学科针对性不强，对日语微课质量的监控收效甚微。随着微课的爆发式增长，微课的建设已经全面铺开，微课质量监控若完全由教育行政部门官方进行不仅费时费力，还会导致质量监控的效果下降。因此，对于教育行政部门而言，更为理想的途径是成立针对日语微课质量监控的专门官方组织，进行政策上的宏观调控，并鼓励民间建立非官方组织，通过特定平台、渠道承担一定的微课教学质量监控和评估的任务，保障日语微课的质量。

2. 学校联盟

除了教育行政部门和非官方组织外，微课质量的保障还需要有类似微课学校联盟的社会实体机构参与。例如，慕课界的 C20 慕课联盟（华东师范大学慕课中心），致力于服务于基础教育与教师教育，不仅顺应了慕课发展的时代潮流，还开发出许多高质量的在线课程，使优质教育资源为全社会共享，推动了我国基础教育和教师教育的改革与发展。

微课学校联盟可由参与微课建设的学校、教科所、社会机构等共同组成，并设立多个职能部门，吸纳日语教研员、日语教学名师、微课技术骨干等作为机构成员，分工合作，完成微课的设计、开发、实施、评价、反馈以及微课质量监控与评估等一系列工作。微课学校联盟需制定联盟运营机制，明确联盟的具体职责，做到以下几点：

（1）制定和实施微课质量保障统筹计划，传递成员联盟学校之间的微课建设与微课质量保障的情况；

（2）定期组织成员学校进行微课竞赛，以赛促建，以建促用，完善微课质量保障；

（3）制定微课建设的标准体系，包括微课的课程计划、课程设置、课程实施、课程内容、课程教学质量等方面内容，以便对微课进行质量评估；

（4）组织联盟成员学校进行微课质量监控与评估，以评促建，保障微课教学质量；

（5）开展微课质量保障体系的理论与实践研究，探索微课质量保障的方式方法，提升微课质量。

微课学校联盟通过对各成员学校进行微课建设指导，监控各成员学校开发微课的质量，评估各成员学校的微课教学质量并将反馈数据共享，实现了对微课质量保障全过程的有效参与，有效促进了微课质量保障体系的建立。同时，各成员学校也要严格遵守联盟建设制度和技术规范，接受联盟的监督，根据联盟的反馈数据，结合本校实际进行整改。

二、日语微课质量保障体系的运行机制

日语微课质量保障体系的运行机制主要是指课程质量保障的内部体系和外部体系之间相互促进、相互制约，使整个课程质量保障体系的能够正常启动运行、调整适应和循环更新。根据课程质量保障体系的内涵，微课质量保障体系运行的主要目的是通过提升微课质量和微课教学效果，从而促进教学质量的提升。因此，微课质量保障体系的运行机制必须调动微课质量监控主体的积极性，遵照运行机制，全员参与微课建设过程，保障微课在分析、设计、开发、实施、反馈每个阶段的质量，从而形成一个具有生命力的微课质量保障体系。

（一）激励与创新

激励，是指引入激励机制，采用多种激励方式保证课程质量保障体系的良好运行。在微课建设中，教育行政部门和学校应当采取适当的激励手段，充分调动教师的积极性，促进微课质量提升。

（1）教育行政部门制定完善的激励政策，学校贯彻落实过程中，可根据本校教师在本校微课建设中的做出的努力和所获成就给予相应的奖励，如优秀荣誉称号、职称晋升绿色通道、福利薪酬待遇提升等。

（2）学校内部组织开展日语微课教学竞赛；"最美日语微课教师""日语

微课建设小能手"等评选活动；对日语微课教学效果好的老师、制作微课受学生欢迎的老师、微课建设中贡献突出的老师进行特别嘉奖，发挥模范作用，带动其他教师提升自身的专业教学技能，促进微课质量提升与教学质量提升的良性循环。

创新是新时代教育改革的重要手段。与时俱进的教学理念，开拓进取的创新思维是新时代课程改革的精髓所在。日语微课保障体系中的创新，体现在教育理念、教学目标、教学内容、教学手段、教学评价等方面。换言之，创新应该体现在微课质量保障的方方面面。

（1）创新教育理念

在信息时代背景下，教师的教育理念应当紧跟潮流，坚持"以学习者为中心"的微课建设理念，以培养学生核心素养为指导思想，与时俱进地更新自己的教育理念。

（2）创新教学目标

"新课标2017"提到，"普通日语课程的总目标是全面贯彻党的教育方针，培育和践行社会主义核心价值观，落实立德树人根本任务，在义务教育的基础上，进一步促进学生日语学科核心素养的发展，培养具有中国情怀、国际视野和跨文化沟通能力的社会主义建设者和接班人。"基于课程总目标，日语微课的具体教学目标应当根据教学内容的设定，达到培养和发展学生相应的"语言能力、文化意识、思维品质、学习能力"四项学科核心素养的发展目标。

（3）创新教学内容

课程内容是发展学生日语学科核心素养的根基，主要包括"主题语境、语篇类型、语言知识、文化知识、语言技能和学习策略"六个要素。教师进行微课选题时，需要基于六要素抉择，尽量兼顾各要素的内容，保证微课的完整性和系统性。

（4）创新教学手段

教学目标实现的前提是构建与其一致的教学内容和教学手段。"新课标2017"明确提到，日语课程的建设应"重视现代信息技术应用，丰富日语课程学习资源。即促进信息技术与课程教育的深度融合，充分发挥现代教育技术对教学的支持与服务功能，选择恰当的数字技术和多媒体手段，确保虚拟现实、人工智能、大数据等新技术的应用有助于促进学生有效学习和日语学科核心素养的形成与发展"。根据课程特性，微课的教学内容往往容易出现碎片化现象，因此，教学手段的创新必不可少。基于创新型的微课教学内容，教师需要精心设计教学活动，采用现代教育技术手段，发挥微课的多模态刺激功能，利用在线答疑、网络测验等引导学生积极探究，发散多元思维，实现目标、内容与方法的融合统一。

（5）创新教学评价

教学评价是微课质量管理的重要组成部分，有利于监控微课教学质量并改进微课教学效果。科学系统的评价体系是教学目标完成的重要保障。"新课标2017"针对日语课程的教学评价部分提到，"日语课程的评价应当反映以人为本的教育理念，通过科学合理的评价方式对教学实时检测、全程监控，既包括多途径收集信息的过程，又包括对教学实践的反馈数据。"因此，教学评价的创新需要做到以形成性评价为主、终结性评价为辅的评价机制，结合定量与定性评价，注重评价主体多元化与评价方式的多样化，切实发挥评价体系的反拨作用，实现评价真正服务于教学，提高微课教学质量。

（二）管理与约束

对微课的管理与约束是微课质量稳定和微课教学工作开展的重要条件，只有对微课进行一定程度的管理和约束，微课的教学过程才能遵照既定的路线完成教学目标，避免产生纰漏。

在学校联盟中，只有建立严格的联盟管理制度，才能对各个联盟成员学校产生约束，维护联盟的管理秩序，保证整个联盟的正常运行，为各学校的微课建设提供技术指导和数据反馈。

在学校层面，学校也要对教师队伍实行严格的管理。例如，建立严格的考勤打卡制度，可以一定程度上提高教师的教学效率。教师对学生实行严格的考勤制度，为学生建立"微课学习记录袋"，加强对学生的约束，奖惩分明，这对日语微课教学质量的提升也有一定的积极辅助作用。

第五章 创新视角下的日语慕课教学

慕课，即大规模开放在线课程，是一种通过开放教育资源，针对大众人群通过网络来学习的在线课堂。本章主要论述了慕课的基础知识、慕课对高等教育的影响、慕课背景下日语会话课程教学模式构建、高校实施"慕课"教学的注意事项及建议。

第一节 慕课概述

一、慕课的定义与特征

（一）慕课的定义

所谓"慕课"，是由 Massive Open Online Course 英文单词首字母缩写的中文音译，意为大规模在线开放课程。"M"代表 Massive 意为大规模的、大量的，注册人数多，课程资源丰富，不仅仅是一两门课程，当然"大规模"也是相对的，第一门"慕课"只有2200多学生，而目前每门课程容量可达数万人，一门课程最多注册人数是 16 万学生；"O"代表 Open 意为开放的、公开的，学生学习空间和学习资源的开放，学生以兴趣导向，凡是想学习的，都可通过注册学习。即使是一些盈利公司或者教育机构的课程，学生也可以免费利用其课程资源；"O"代表 Online 意为"在线的"，教师讲授、学生学习、师生或生生之间互动交流、进阶作业、监测评价等都可以通过互联网络在线实现；"C"代表的是 Course 意为"课程"，包括讲授主题的提纲、讲授内容的视频、各种学习资料、进阶作业及学习注意事项。[①]

---

① 陈有富. 网络信息资源的评价与检索［M］. 郑州：河南人民出版社，2018：343.

简而言之，慕课就是大规模网络开放课程中的一种，它有别于传统的透过电视广播、互联网、辅导机构、函授等形式的远程教育，也不完全等同于近期兴起的教学视频网络公开课，更不同于基于网络的学习软件或者在线应用。它独特之处主要体现在以下两个方面：所有课程必须是向所有人开放，并且力争做到免费；典型的慕课必须是大型的、大规模的课程。而且慕课微视频设计不是简单的搜集信息，它是一种新型的将分布于世界各地的授课者和学习者通过某一个共同的话题或主题联系起来的教学模式新方法。因此，慕课是一种新型的在线网络开放课程模式，是互联网技术进步和网络学习实验的演化产物。

（二）慕课的特征

1. 大规模

慕课的规模之大，一是体现在其丰富的在线课程资源上，在慕课提供商 Coursera、edX 等平台上，学生可以接触到来自全球各个顶尖高校的大量课程，涉及高等教育的各个学科；二是体现在其工具资源多元化上，慕课课程整合多种社交网络工具和多种形的数字化资源，形成了多元化的学习工具资源；三是体现在其课程受众面广，突破传统课程人数限制，能够满足大规模课程学习者的学习需要。

2. 系统的教学体系

这是慕课区别于其他视频公开课的特征所在。Coursera、edX 等平台上的课程非常接近于传统课堂，有开课和结课时间，有相应的课程作业和期末考试，老师和同学可以在线交流，它强调完整的在线教学过程。如同在实体大学一样，学生需注册后才能看到课程视频和资料。通常每周一章，平时学生一周需要花上 3~10 个小时不等的时间听课学习、做作业、进行作业互评，全部课程结束之后，如果学生的分数达到要求，就可以获得结课证书。有些学校已经考虑或开始接受慕课学分，在 Linkedln 上，你可以上传慕课证书，作为继续教育资历的一种专业能力的证明，慕课与公开课最大的不同就在于公开课和开放课件，开放教材一样是一种"学习资源"，而慕课是一种"学习服务"。

3. 注重学习体验的教学设计

慕课课程绝不是单纯地把线下的课程移动到线上，而是需要重新设计课程以适应线上的学习模式。在慕课里，为了保证学生线上学习的专注，单个视频常被分成 10~20 分钟，甚至更短。同时，在讲课期间，通常会穿插一些提问，学生只有在视频上作答之后，才能继续观看。论坛是慕课非常重要的环节，课程作业也需要精心设计，慕课平台真正起到了将大学、讲师、学习者和社会连接到一起的作用。

二、慕课的教学形式

课程范围：慕课是以联通主义理论和网络化学习的开放教育学为基础的。这些课程同传统的大学课程一样，循序渐进地帮助学生从初学者成长为高级人才。课程不仅包括了广泛的科技学科，如数学、统计学、计算机科学和工程学，也包括了社会科学和人文学科。最初慕课课程并不提供学分，也不算在本科或研究生学位里；通常，参与慕课的学习是免费的。然而，随着慕课在全球大规模的发展，许多学习者也试图通过慕课获得某种认证，一些慕课平台开始收取一定的费用。

授课形式：慕课课程不是搜集，而是一种将分布于世界各地的授课者和学习者通过某一个共同的话题或主题联系起来的方式方法。这些课程通常对学习者并没有特别的要求。所有的课程会以每周研讨话题的形式，提供一个大体的时间表；其余的课程结构也是最小的，通常会包括每周一次的讲授、研讨问题以及阅读建议等。

测验：每门课程都有频繁的小测验，有时还有期中和期末考试。考试通常由同学评分，比如，一门课的每份试卷由同班的五名同学评分，最后分数为平均数。一些学生成立了网上学习小组，或与附近的同学组成面对面的学习小组。

三、"慕课"教学存在的问题

（一）不利于实现个性化学习

尊重学习者的个性差异，是实施个性化学习的首要前提，它以促进学生个性发展为目的是一种特殊的学习模式。倡导个性化学习这种新的思维理念，不再从单一纬度评价人的智力，而是从多方面综合考量。灵活多变的学习目标决定了学校教育以学习者为中心，挖掘学生的天赋并根据每个人的个性特质施以相应教育是个性化学习方式的独特之处，它不受时空的限制，为学习者提供有效多样化的教学方式。通过这些观点我们不难看出，时代的发展促进了教育水平的提升，个性化学习在世界教育中有着举足轻重的地位，成为各国教育改革的共同愿景。

个性化学习不是让学生单枪匹马地去"战斗"，也仍然需要教师给予有针对性的指导。这对于教师来说，所要投入的精力也是很大的。教师必须以学生为中心，对学生进行比较全面的关注和了解，将教学的重点转向学生的个体成长，进而设计和实施个性化的学习目标。对于"慕课"而言，它所具有的"大规模"属性彰显出了"慕课"教学模式的核心优势，但是这也凸显出了该模式的短板所在。"慕课"教学模式现实的一个困难就是，教师要面对数以万计的学习者，想要做到和每个学生都产生交流，是不可能的事情，即使师生想在课堂以外交流，也是很难实现的，因为大多数公开课的教师，明确要求学生不允许给他发邮件。

（二）不利于师生情感交流

从学术氛围方面来看，"慕课"远不如传统大学。从"慕课"教学模式来看，"慕课"明显的缺点之一就是缺乏面对面的人际交流，学习者通过"慕课"教学模式学习到的大多是信息性的知识，这并不能代表全部的知识体系。"慕课"平台并没有构建起真实的师生人际关系，因为学习者人数基数巨大，同一门课程会有庞大的学习者，教师不能与每一个学生都产生良好的互动，学习者无法亲身体验到参与其中的感受，教师的授课自然不可能给每一个学生达到言传身教的效果，这就可能出现优秀学生无法获得关注、较差学生无法获得鼓励进而自暴自弃的场面。并且这种师生关系是基于网络的虚拟世界，恰恰因此，使师生关系缺乏"质感"而流于形式。又因人数问题，为每一个学习者在"慕课"教学模式中进行较全面的特征分析是不现实的，从这点看，"慕课"教学模式较适合知识的扩建和拓展，而不是使学习者在德智体美等多方面获得提升。

传统教室是教师与学生共聚一堂探讨知识的殿堂，有经验的教师可以使冰冷的教室变成师生之间心灵交汇的场所。网络的普及应用使人们之间的交流脱离了空间和距离的束缚，依托于网络平台，"慕课"教学模式使得课堂教学不再需要真实的教室，教学的内容可以用数字设备或通信工具在网络上获得。脱离了传统的教室，"慕课"的课堂上少了学生之间的学习氛围和合作意识，把握学习的机会、学习态度和热情亦随着降低，师生间的情感交流非常困难，更别说产生火花，相比较传统课堂来说，"慕课"平台上的学习者无法与教师和同学之间进行面对面的交流，取而代之的是在讨论区进行提问，然后等待答复，学习中的问题不能及时有效地得到解决。知识的获取总是在不断交流的过程中进行的。而学生接触"慕课"平台，需要有一定的自学能力和解决问题的能力之外，还需要积极主动地去参与课程论坛的讨论，进行学习交流。学生参与课程作业互评也可以促进学习者更深刻地理解课程内容，而不仅仅是浏览课程资源、观看课程视频。学习者在学习过程中，作为信息的接受者同时也可以作为信息的发送者，在交流中碰撞思维的火花。

（三）证书的权威性有待提高

"慕课"教学模式特点之一就是开放性，但是，无论教育开放到哪种程度，都必须对学生最终的学习成果给予肯定，这样的教育生态链才是完整的。目前，"慕课"教学模式的生态环境中包含了平台、名校、名师、学习者和市场。从整个教育生态链来看，市场不仅要为"慕课"教学模式的发展提供技术、资金和应用的支持，还需要对学习者的学习结果予以承认，并为他们提供就业的机会，只有这样，才是形成一个完整的教育过程。也有学者认为，只有在"慕课"平台取得的证书被授予学分和学位的时候，"慕课"才算真正融入正规教育。

对参加课程并考试合格的学习者颁发证书，这也是"慕课"平台的特色之一，目前大多数平台都采取自颁证书这种认证机制。证书的颁发既体现出"慕课"教学模式对学习者学习成果的认可，又对学习者起到了很好的激励作用。但是"慕课"平台颁发给学习者的证书很大程度上只能被看作是对自身学习过程的一种记录和回报，是学习时间和精力的投入，证书的权威性和影响力并不像我们想象的那么乐观。如果用长远和发展的眼光看"慕课"，我们不难发现，只有"慕课"平台的学分制度和现行高等教育学分制度形成有效的对接，"慕课"平台的学习者才能够得到社会以及潜在雇主的认可，"慕课"教学模式才有可能跻身教育主渠道。很显然，"慕课"平台自身已经无法解决这样的问题了，这不仅涉及平台本身，也波及高校、政府和社会等方面。从"慕课"兴起至今，运营商通过与高校进行教育合作的方式，试图介入到学分授予的环节中去，努力的尝试将自己平台的证书与传统高校的学分挂钩，来提升证书的"含金量"，虽然"慕课"平台在这个问题上取得了一定的突破，但是未来，仍面临着一条漫长而曲折的道路。

（四）不利于降低教学成本

我国高等教育的经费投入有限，大量的基础设施建设势必会增加高校的教学管理等成本。"慕课"的核心技术需要高质量的信息化能力，但是因为我国高校的信息技术开发能力未能达到国际先进水平，信息化程度较低。财政与技术的双重困难使得我们无法完成"慕课"的基础设施和教学管理所需的各种系统，很多高校在"慕课"的选择与否中徘徊不定。

第二节　慕课对高等教育的影响

一、慕课对高等教育的积极影响

慕课的出现，促使高等教育机构解禁了它们的知识储备库，使得宝贵的教育资源得以在全球范围内被分享。慕课带来的新变革不仅仅是大学传统功能的渐变，更是教育方法与途径的创新，对高等教育的学习理念、教育教学模式、教学方式与方法、学生的学习方式及能力发展途径等方面，都提出了挑战。

（一）慕课改变传统学习理念

1. 慕课强调"以人为本"的推送式服务

慕课从学习者角度出发，以学习者为中心，体现了以人为本的教学理念。全球化不受限制的参与学习，形式简单、内容丰富、操作方便的课程，平台中在教育资源的组织和信息技术及网络技术运用，符合学习规律的教育资源，都突出了"技术以人为本"的理念。在平台的设计上，我们更加突出了"以人为本"的推送式服务原则，推送内容、方式、过程人本化。

2. "自组织社区"，协作式学习

在慕课平台中，来自世界各地学习者学习完视频内容之后，可以参与到课程讨论中，进行公开讨论，持不同观点的学习者都将形成各自的讨论社区，自由交换各自想法，学习者在问答平台上提出问题和疑惑，慕课的助教团队在开课期间就普遍、突出问题提供解答，同时允许其他学生作答和提出补充，这种协作式的学习方法解决了传统课程中学习者问题得不到及时解决的难题。这种讨论方式充分发挥了集体思维的威力，很大程度上弥补了个人思维的局限性。同时，慕课充分考虑了学习者的不同学习要求，运用新的网络技术和信息技术，满足了学习者在不同的网络环境下，人、技术（如互联网终端、通信设备）、网络环境、思维的高度交互融合互动形式的形成，这种互动形式促成了自组织网络关系的形成，具有非常明显的协同性和生成式的知识转移现象。

3. 打破了原有的面对面的学习方式

学生成绩的差异，主要表现在学习所用的时间差异上。只要可以保证足够的学习时间，提供良好的教学条件，绝大多数学习者都会完成学习任务，获得好成绩。而在传统校园中，由于校园基础设施和师资力量等方面受到了的限制，因此会对招生的规模和教学质量产生一定的影响。慕课区别于传统课程，使学习空间得以拓展，有利于缓解偏远地区的学习者和不能享受到优质教育资源的学习者，同时解决了在职人员的工学矛盾，方便了他们接受继续教育。

4. 全方位智慧式的资源共享

慕课平台的共享包括多学科及多大学共享、多交互和多终端共享。不仅可以共享不同学科门类、不同大学的教学资源，而且支持不同的资源共享途径，方便学习者从不同的角度得到更多的教育资源；提供了不同的交流反馈机制及渠道，用于学习者与教师、学校与教育服务机构之间的沟通。

5. 使教育公平成为可能。

现阶段，教育不公平的现状是教育政策的不完善、不健全，教育相关的法规、制度、机制的缺失等原因造成的。随着经济社会的发展，教育的公平性得到了一定程度改善，但仍待进一步增强和改进。相对于传统教育，慕课丰富了教育内涵，拓宽了教育受众面，降低了入学门槛，扩大了教育机会，名师讲授弥补教育过程的不公，也为教育公平的实现提供了充分的想象空间。

（二）慕课影响高校教学模式

慕课发源于传统课堂之中，拥有全球顶尖大学的优质课程资源，采取开放式的网络环境，以低廉的成本向有学习意向的群体开放，扩大了课程范围，较好地融合了教学资源和学习管理系统，改善了授课形式，同时也影响着传统的教学模式，促进其进行改革。

1. 慕课促进教学模式理论改革

我国高校的教学模式是基于赫尔巴特的四段教学法及凯洛夫的教学理论，其问题主要是教学过程僵化、不注重学生的主体地位、以教师为主体。慕课的教学模式的理论主要为选择学习理论、掌握学习理论和程序教学理论，做到了以学生为中心的灵活、自定步骤学习，显而易见，慕课的教学模式理论更符合现代教育教学要求。

2. 慕课影响着传统教学目标

传统的教学目标过多的限定于系统知识的传授，忽视了学生其他能力的培养，压制了教师的教学潜能和热情，也削弱了学生的学习积极性。虽然国家一直在进行教学改革和全面实行素质教育，但效果并不是非常理想。慕课的教学目标是让学习者掌握所学知识，并且更多地关注学生的学习过程，同时注重学习者信息素养的培养。这正好迎合了社会对学习者发展的新要求。

3. 慕课改变了传统教学的程序

传统的教学操作程序一般为组织教学、复习旧课、讲授新课、巩固新课和布置作业。而慕课的教学程序为明确教学目标和课程要求、观看授课视频、作业提交、作业评判、为题讨论。慕课的教学程序更有利于知识的学习与掌握。

4. 慕课改革了传统的教学评价方法

传统的教学模式使学生始终由教师主导，削弱了学生学习的积极性和主动性，不能兼顾学生的个性发展。由于现阶段我国过多地强调终极性评价的作用，而终结性的评价结果主要由期中、期末考试分数决定，导致了"分数至上"等问题，不利于学生的全面发展。慕课的评价方式由机器点评和同伴互评构成。简单的随堂测试由计算机完成，问答类的考试由同伴互评完成。这样的评价方式可以为学习者提供加深知识和情感交流的机会，提高其学习主动性，将知识的单项传播变为双向沟通。同伴互评的过程，对于学习者来说，也是一个难得的学习机会，可以锻炼学生的批判思维，提升纠错能力。

(三) 慕课改变学习者学习方式

由于长期受应试教育影响，大学生学习方式单一，还有相当多的高校学生持记忆知识的学习观，使用表层的学习方式，从而影响了他们的学习质量，主要表现在学习动机不明确、学习主动性不高、学习方法不当、缺乏合作学习。慕课以其特点和优势促使学习者学习方式改变。

1. 改变学习者学习观念

慕课可以使学习者树立自主学习和终身学习的学习观念，明确学习动机，积极主动应用学习策略，充分利用学习资源，进行探究学习，形成较高的学业成就动机，成为学习的主人。

2. 打破传统的学习时空界限

慕课学习内容由规定的固定内容扩展到学习者感兴趣的内容，拓展了其学习时间和空间，有利于学习者主动学习，促进其全面发展。

3. 让学习成为乐趣

慕课改变了传统课堂学习以教师讲授为主的教学方式打破了传统课堂学习的局限性，多形式呈现教学资源，同时为学生提供思考、探究合作和交流的平台，可充分调动学习者兴趣，挖掘其学习潜能，使学习成为一种乐趣。

4. 强调自主与合作学习

慕课改变了传统课堂中教师的主导地位，学习者成为学习的主人，自己制定学习目标、学习内容、学习方法，自主的选择学习资源，自主设计符合个人特点的学习目标，合理安排学习，同时反思和评估学习成果，并调整、控制学习进程。同时，慕课为学习者提供了平等的网上合作学习机会，增强了师生互动、生生互动，让合作学习成了可能。

慕课将全球优质教育资源推送到学习者面前，推动原有的灌输式教学模式改革，一定程度上将学生从课堂解放出来，同时将知识传授从一个学校拓展到不同的学校、社会上，甚至是全球范围内，具有极大的应用潜能。任课教师需思考如何在网络环境下更有效地进行知识和技能的传授，学生可以根据需求，有针对性地选择学习内容，不必再像以往传统的课堂必须跟着教师的节奏学习。慕课的教学方式反映了以"学"为本的教学价值取向，通过不同的方式，充分调动学习者的学习积极性，在解放教师的同时又满足了学生个性化的学习需要，真正实现了从"以教学为中心"向"以学生为中心"的转变。

二、高校慕课发展遇到的问题

慕课有几个问题常常受到抨击：一是高辍学率和低完成率；二是同伴互评；三是学习效果不好评价；四是慕课的影响力不够；五是并没有在弱势群体中普及，这些都是在慕课未来发展中不可回避的。除了这些共性问题，国内慕课尤其是高校慕课发展遇到的问题更有特殊性。

（一）不能与传统教育体制有效对接

虽然慕课能够满足学习者个性化的学习需求，但现阶段慕课学习成果如何与传统教育有效对接，能否对学习者的学籍、证书、学分乃至未来的学位产生影响或者替代部分传统教育的责任，是慕课当下重要命题。在全世界范围内，慕课处于发展阶段，慕课如何更好地为高等教育提供服务和支持，也算是世界性的难题。

（二）对慕课的认识尚不到位

教育主管部门、高校、教师、学习者以及慕课供应商还没有完全认识慕课的复杂性以及对传统教育所带来的影响。要通过在线形式完整实现大学课程、课堂教学、学习进程、师生互动、效果测试、成绩评估等校园学习中的学习行为，需要教育主管部门及高校来正确引导。对于教师来说，对于慕课的态度要么过于乐观，要么就持有很强的抵触情绪和保守心态，不愿接受或者是尝试慕课。对于学习者来说，他们更容易对国外名校、名师、名课产生兴趣，但受到网络、语言等问题的困扰，也容易浅尝辄止，不能够坚持学习完成，同时，由于教育体制的原因，学习者尤其是高校的学生难以将慕课课程与自己所学的课程有机结合起来。

（三）缺少优质慕课课程

除了少数课程外，多数慕课平台上的课程并不是真正的慕课，而是传统的网络课堂或是传统课堂的录像，这一点并未引起重视。学习者可以从看到教育部、教育厅局，高校教务处的相关通知，都在要求积极申报网络课程与慕课课程，可是这些通知只是提供了一部分政策支持和制作经费，对慕课制作队伍没有或者很少涉及。而慕课制作队伍不是某一个有名的教授，而是需要包括摄影师、后期制作人员、教学设计人员、IT 专家与名师等在内的各类专业人士的积极配合与努力工作。从总体上来看，这些慕课平台多数是由网络课程网站发展而来，还不能算是真正的慕课课程，只能算是教师上课的录像。

（四）缺乏专门的慕课供应商

美国大多数慕课公司的发起者要么是从名牌大学辞职的大牌教授，要么是热衷于网络教学的学者甚至学生。国内的慕课供应商这几年数量增长较快，但一般都是机构组织的，要么是高校或教育组织机构，要么是商业机构，至今尚未发现有高校大牌教授辞职开办慕课公司。

目前国外慕课平台上的课程主要由欧美一流大学提供，境外人员学习国内慕课的很少，这和我们提供慕课的特点有关。我国慕课学习者大多数是希望接受继续教育的在职人员，这些学习者中绝大多数不具备外语学习、交流的能力，因此他们更多地参与到国内的慕课学习中，而国内的慕课课程与国外相比差距较大。学习者要想学习国外的慕课课程，需要国内大学与国外联合慕课开发中文慕课，使之更符合中国国情以及学生需求。①

第三节　慕课背景下日语会话课程教学模式构建研究

一、基于慕课的日语会话教学现状

从目前我国高等教育发展趋势来看，我国外语高等教育正处在历史变革的关键时期，大学生会话交流、语言应用能力的培养日益重要。日语专业会话课程通常是精品小班化授课模式，以 25 人左右的专业小班作为课堂组织主体，

---

① 荣宪举. 慕课对我国高等教育的影响及遇到的问题 ［J］. 价值工程，2016，35（26）.

时间设定为 90 分钟。虽然小班模式的日语会话课程设计能体现出课堂教学的系统性、完整性和持续性，但固定的教学方式会降低学生日语会话练习的兴趣，不利于学生形成完整的日语认知架构①，而慕课教学这一新型教学形式的出现改变了这种教学状态。

以日语作为教学媒介的语言应用类课程在慕课领域有着广阔的发展空间，因此，根据学生日语学习的现实需求，以慕课为教学工具构建完善、科学的课堂教学模式已成为当务之急②。

二、基于慕课的日语会话教学模式构建的创新思路

在互联网情景中，虽然慕课具有传统教学模式不具备的优势，慕课的应用也会给高校传统日语会话教学模式带来影响，但慕课作为一种依托信息传媒工具发展形成的远程网络教育机制，其在语言交互运用、对话情景塑造方面还有着一定的局限，不能完全取代传统的日语会话教学。为改变这一现状，有必要将慕课与传统日语课堂会话教学结合起来，各取所长，在发挥传统教学模式情景性、引导性的基础上，利用慕课软件整合线上教学资源，为学生塑造积极、活跃的课堂情景，进而构建完善的课堂教学体系③。

在沿用传统教学方法的基础上，以慕课作为工具维度的教学模式调整，实质上是一种关于日语会话课程教学模式创新的尝试，这种创新性的尝试应基于互联网工具、教师、学生三者共同构建。互联网工具应是对话素材、知识信息的来源，教师和学生可借助互联网工具搜索对话素材直接应用；教师应发挥"知识信息中转站"的作用，按照科学化的教学思路引导学生；学生应是知识信息的接受主体，在信息化情景中或与教师对话，或是借助慕课完成教学任务。值得注意的是，在慕课与传统教学方法相结合的日语会话教学模式的基础上，要注重教学任务的设置，即根据学生的日语会话水平科学合理布置教学任务④。

① 陈坚林. 大数据时代的慕课与外语教学研究——挑战与机遇 [J]. 外语电化教学，2015（1）.
② 冯立华. 网络日语实践教学平台构建的理论研究 [J]. 亚太教育，2016（32）.
③ 苏小明. 如何在网络环境下培养学生的日语自主学习能力 [J]. 湖北函授大学学报，2017（3）.
④ 韩颖. 高职院校多媒体日语教材的开发与建设 [J]. 产业与科技论坛，2017，（6）.

三、基于慕课的日语会话课程教学模式的构建途径

（一）利用创新工具，完善课堂组织架构

众所周知，日语会话课堂与普通语言类课程最大的不同在于日语会话课堂以语言实践为主，是学生与学生之间、教师与学生之间进行对话交流的互动实践，课程主要以对话或角色扮演的方法完成，有着明显的动态性特征。所以，创新性工具的使用要突出群体性教学理念，即教师应以慕课网络作为课堂教学媒介，借助网络以音视频的方式向学生传递知识信息，进而扩大学生的认知来源。此外，要根据学生群体的学习特点，突出对话素材，引导学生主动从素材练习开始，不断深化语言认知，形成较强的语言交流能力。

（二）设置课堂教学目标，突出学生主体地位

日语会话教学是学生与教师互动交流的过程，是教师引导学生关注课堂知识的客观引导机制，教学目标的设置要具有"双向性"特点，即教学目标不仅要体现课程目标，也要表现出教学情境目标，且目标的设置要尽可能细化，尽可能保持目标的引导性。为了实现课堂教学目标，教师要注重学生主观能动性的发挥，一方面，教师要利用慕课网络在课堂教学活动开始之前仔细搜集日语会话素材，设置课堂教学主题，让学生围绕教学主题展开交流探讨；另一方面，教师要根据学生学习的特点，利用慕课系统与学生进行对话、交流，让学生利用网络及时反馈学习成果，方便教师及时做出评价。

（三）创建慕课教学情景，塑造良好的教学氛围

日语会话课程教学取得良好效果的基础条件是教学情景的构建，优质的教学情景、良好的教学氛围可以让学生放松身心。第一，在教学过程中，教师要学会利用慕课工具选择一些与日语文化知识相关的问题或故事当作开场白，从具体事例的角度对学生进行引导。第二，针对学生学习的特点，教师要利用慕课资源构建个性化课堂，结合学生的认知模式调动学生的兴趣，以学生作为课堂教学主体，将多种教学方法，如信息化教学方法、情景化教学方法、实践性教学方法等融入课堂实践中，健全学生的认知模式。第三，教师要有目的、有选择地在课堂教学的不同环节设置教学问题，以问题为导向鼓励学生交流探讨。第四，在上课前或是上课后，教师最好以一些日文歌曲来活跃教学氛围，这样有助于学生在良好的氛围中形成自主性学习意识。

综上所述，基于慕课的日语会话课程课堂教学模式的构建，首先要了解慕

课的教学特点及功能优势，然后结合学生日语学习特点，将传统形态的日语会话课程教学模式与慕课教学有机结合起来，最后通过设置教学目标、创新课堂情景等方法健全课堂组织体系，活跃课堂氛围，促使学生在日语会话实践中形成较强的语言应用能力。

第四节 高校实施"慕课"教学的注意事项及建议

一、"慕课"教学的注意事项

（一）个性化学习较难实现

尊重学习者的个性差异，是实施个性化学习的首要前提，它以促进学生个性发展为目的，是一种特殊的学习模式。倡导个性化学习是一种新的思维理念，不再从单一纬度评价人的智力，而是从多方面综合考量。以学习者为中心，挖掘学生的天赋并根据每个人的个性特质，施以相应的教育，这是个性化学习方式的独特之处，它不受时空的限制，为学习者提供有效多样化的学习方式。不难看出，时代的发展促进了教育水平的提升，个性化学习在世界教育中有着举足轻重的地位，成为各国教育改革的共同愿景。

个性化学习不是让学生单枪匹马地去"战斗"，他们仍然需要教师针对性的指导。这对于教师来说，要投入的精力也是很大的。教师必须以学生为中心，对学生进行比较全面的关注和了解，将教学的重点转向学生的个体成长，进而设计和实施个性化的教学目标。就"慕课"而言，它所具有的"大规模"属性彰显出了"慕课"教学模式的核心优势，但是这也凸显了该模式的短板。"慕课"教学模式的现实困难就是，教师要面对数以万计的学习者，想要和每个学生都产生交流互动是不可能的事情。

正是由于"慕课"平台课程选择的自主性较大，导致很多学习者在选择课程上颇有困惑。面对纷繁复杂的网络和海量的资源，学习者不能保证自己有充足的学习时间和精力，他们对能否顺利完成一门课程持怀疑态度。有的学习者虽然投入了很多精力，但往往止步于一门课程的入门阶段，缺乏有深度的学习和创造。单纯依靠个人兴趣和主观意识来选课，虽然很人性化也很自由，但是这样完全随机的选课模式，并非自主学习的长远之计。更多学习者期待的是能够像在学校里那样，借助"慕课"的名校名师平台，建立起一整套的专业知识体系。否则，"慕课"教学模式只能被学习者们当作正规教育以外的一种补充学习方式。

（二）师生情感交流缺失

从学术氛围方面来看，"慕课"远不如传统大学。生命是真实鲜活的，只凭理性认识去把握是远远不够的，更重要的是要靠生命体自身来体验。从"慕课"教学模式来看，"慕课"明显的缺点就是缺乏面对面的人际交流，学习者通过慕课教学模式学习到的大多是信息性的知识，这并不能代表全部的知识体系。

"慕课"平台并没有构建起真实的师生人际关系，因为学习者人数基数巨大，同一门课程会有大量的学习者，教师不能与每一个学生都产生良好的互动，学习者无法亲身体验到参与互动的感受，教师的授课自然也不可能向每一个学生言传身教，这就可能出现优秀学生无法获得关注、较差学生无法获得鼓励的情况。

并且慕课教学模式中的师生关系基于网络的虚拟世界，这使这种师生关系缺乏"质感"而流于形式。由于学员人数问题，教师为每一个学习者进行全面的特征分析是不现实的，从这点来看，"慕课"教学模式比较适合知识的扩建和拓展，而不是适合综合素质的全面提升。从现有的技术条件来看，不能上网的课程还有很多，例如康奈尔大学最热门的品酒课，就不能在网上进行。

传统教室是教师与学生共聚一堂、探讨知识的殿堂，有经验的教师可以使冰冷的教室变成师生之间心灵交汇的场所。网络的普及应用使人们之间的交流脱离了空间和距离的束缚，依托于网络平台，"慕课"教学模式使课堂教学不再需要真实的教室，教学活动可以用数字设备或通信工具在网络上进行。但脱离了传统的教室，"慕课"的课堂上少了学生之间的学习氛围，学生的学习态度和热情亦会随之降低，师生间的情感交流难以实现，更别说产生火花，发生共鸣。相较于传统课堂，"慕课"平台上的学习者无法与教师和同学进行面对面的交流。

新世纪的人才培养特别重视人的实践动手能力和创造创新能力，实践能力和创新能力要通过实践教学来培养，因此实践教学也是高校人才培养方案中的重要组成部分。"慕课"教学模式在教学中采取了现代技术、虚拟场景来达到实践教学的目的，但其本质依然是以教师为中心的灌输式教学方法，教师将课程中讲授的内容录制并上传到"慕课"的平台上，供学习者下载观看。有些特别的专业课程需要现场实践操作，让学生产生直观的感受，但是慕课恐怕做不到这一点，所以实践与现实的脱节是慕课不可回避的问题。

（三）课程质量参差不齐

随着大量"慕课"课程的涌现，"慕课"的课程质量也备受人们的关注，慕课平台上有着数以万计的课程，这些课程良莠不齐，课程质量令人担忧。早期"慕课"课程均由知名大学教授制作提供，质量有着一定的保障。但是"慕课"是一个开放的平台，越来越多的人成为"慕课"的提供者，即便是非学术界人士也能参与授课。如此一来，"慕课"的课程质量也就难以把控。目前，"慕课"各大平台的管理者并没有对课程制作的教师进行授课能力和资质的评定，对于是否需要评定，学者们也在继续探讨。

（四）考核方式存在问题

考核是衡量一个学习者在近期的学习中是否达到教学目标的测试方法。"慕课"教学模式的在线课程全凭自觉，无须考核，但是如果考虑到"慕课"课程的学分和证书，那么考核又显得尤为重要。面对庞大的学生数量，如何有效评估学生学习的效果，成了一个亟待解决的问题。

"慕课"教学模式目前的考核方法无法真正检验学生的学习质量。首先，"慕课"教学模式的考核检测采取线上的无人监考方式，无法确认考试的完成者是线上考试的最大漏洞，"慕课"教学模式不能进行面对面的交流、学习和测验，因此我们不能保证在电脑屏幕后面学习完整个课程的学生，就是这个拿到学分的学生。"慕课"平台的供应商将证书服务作为主要盈利手段，但是他们却不能保证证书的"含金量"，也不能有效地杜绝"作弊"现象。

其次，由于"慕课"参与人数多，大量的试卷需要教师批改，为了缓解教师的压力，"慕课"平台提出学习者互评的阅卷方法，没有教师的参与，这种办法不能真实地反应学习者的学习质量。因此，"慕课"教学模式的考核方式能否达到目的值得商榷。

正是"慕课"大规模和开放性的特点，使课程最终的考核难以操控，教学质量也变得难以监测。在"慕课"平台上，一些学科的考核内容多为客观题，这类学科有明确的标准和准确的答案，其考核方式就可依靠机器进行自动测验，这不仅大大提高了检测速度，也减少了教师的重复劳动。但真正难以考核的学科是人文社会学科，随着在线网络教育向人文科学领域的扩展，慕课的考核评估就变得更加艰难。按照程序设计，计算机评分系统只能对正确或者错误做出判断，但如果是论述题，程序就很难做出分析，因为语言上细微的差别就会影响答案的正误，所以最终还是需要教师进行评卷。

随着"慕课"的发展和壮大，一些平台在考核方面也探索出了新的方式。

总的来看，不外乎两种方案：一种是利用机器进行考核，另外一种就是人工考核方式。所谓机器考核就是运用人工智能技术，对相应的软件进行开发，在"慕课"平台学习的基础上，对学习者的学习成果给出自动的评价与反馈，有代表性的就是 edX 的自动作文评分。人工考核方式是指利用先进的技术建立一个相应的平台，在此平台上的学习者进行互评，代表性的有 Coursera 的同伴互评平台。就目前情况来看，不管是基于机器的考核还是基于人的评价，这两种考核方式各有所长，也都存在不足。

（五）低完成率现象普遍

"慕课"教学模式的众多优点值得肯定，在得到社会广泛关注的同时，慕课课程的完成率偏低成为许多批评者质疑的一点。"慕课"教学课程完成率低的主要原因是学习者没有足够的学习动机。"慕课"简单的注册程序可以让任何人参与进来，而且不需要任何的成本。但大多数人参与"慕课"，仅仅是出于好奇，或者是体验一下在线课程，当新鲜感消失时，他们也就退出了课程学习，这就很好地解释了课程开始两周内参与人数急剧下降的情况。

顺利完成课程不仅需要充足的学习动机，还需要学习者自身拥有一定的背景知识和能力。慕课课程的注册没有限制，不同受教育程度的人都可以参与学习，学习者在一些相对专业的理工科课程中需要具备相关的基础知识，否则在学习这些课程的基本概念和知识时会相当困难。通常慕课中的教师会向学习者提供课程之外的相关知识、资料链接等，学习者可自行选择有价值的知识信息进行补充学习，这就需要学习者具备强大的自主学习能力和网络知识搜索能力，否则很难完成课程。这在一定程度上加大了完成慕课学习的难度。

适合的才是最好的。想要获取更多知识技能的出发点虽好，但是也要酌情考虑课程的选择。在"慕课"教学模式中，许多学习者在选择课程开始学习时，没有认真了解课程性质和课程要求，只是凭着课程名称或者授课教师而来，同时选择了许多门课程，认为自己可以顺利完成，但在课程中遇到时间冲突问题、课程语言问题等，最后大部分课程都不了了之。所以对于课程学习者来说，合理地选择适合自己的课程极其重要。

（六）首次开课工作量大

传统教学模式中，教师是教学的权威和知识的来源，教师主导着教学中的一切。但随着"慕课"教学模式的大规模崛起，超量的教育资源在网络上供学习者选择，教师的角色也在发生变化。在"慕课"教学模式中，教师是学生的助学者、导学者，为了更好地为学生提供个性化指导，也为了使学生学习方便，教师要制作主题明确的教学视频，课程教学中的资料也要准备完善。因此，"慕课"教学模式不仅要求教师对高校课程体系有较深刻的认识，并且要熟知自己所教课程的知识结构和知识点之间的关系。繁重的准备工作不同于传统课堂教学，因此慕课首次开课的工作量超乎寻常。

"慕课"教学模式向教师原有知识体系发起挑战，要求教师加强学习、深入研究，成为学习者和研究者。"慕课"实现了跨国界学习，在教育领域实现了"资源共享，人人平等"。学生获取知识的来源不再和以往那样单一，教师与学生之间的知识存量关系也不再是"一桶水"和"一杯水"之间的关系了。既然网络使"弟子不必不如师"成为可能，那么教师就必须不断更新知识、开拓思维、勤于思考，以丰富的知识面、独到的见解和杰出的教学能力，努力做到"学高为师，身正为范"。

二、针对高校实施"慕课"教学的建议

（一）转变办学观念与学习模式

"慕课"教学模式与早期传统大学的函授教育、开放大学的远程开放教育，以及近年来世界范围内流行的开放教育资源运动一脉相承，它们都是对开放教育理念的继承与发展，是对优质教育资源的一种合理配置，以求实现优质教育资源的社会作用最大化，其本质就是教育的开放。在高校实施"慕课"教学模式，最为重要的就是办学观念与学生学习模式的转变。

1. 由单一办学主体向国际化联盟式办学主体转变

办学模式的转变，这里主要是指打破原来办学主体通常仅为一所大学的模式，转变为由多所高校合作并组建大学联盟的方式。"慕课"教学模式俨然已经破除了高校的"围墙"。在"慕课"平台上出现了越来越多的线上大型公开课程项目，这些课程项目都是由多所高校联合，共同开发并分享出来的，绝非某一高校垄断或专有。假如时至今日，我国高等学校的办学视野依然局限于本校和国内，那么在互联网信息技术高度发达和高速发展的时代，被淘汰也情有可原。

2. 由个体学习模式向团队学习与个性学习相结合模式转变

我国高校想要转变学生学习模式就要借助"慕课"教学模式之力，做到创新教学内容和教学方法，实现不同群体、学校、团队、领域、国家之间的相互影响、相互协作的大规模集成化学习，在学习过程中使各种形式的结合和个性的彰显同时存在，打破当前局限于自我努力的个体学习模式。我国传统的课堂模式总体来说是一种集体教学，在实质上仍然局限于教师"教"、学生

"学"这一常规态势，讨论式的教学难以实现，课堂中师生交流较少，想突破学生个体学习的模式，又受制于现有的班级教学制，这导致个性化学习难以实现。

而"慕课"教学模式则很好地解决了这一问题。它在帮助学生获得更多知识的同时，不自觉地参与到知识创新的过程中。这样，就促进了学生向学习的主人进行转变，有助于巩固学生的主体地位，进而实现了"教学相长"。

（二）充分发挥教师作用

在教师管理层面，我国高校应当积极组织在职教职员工认真了解并正确认识"慕课"教学模式，快速掌握相关技能，并尽快将其引入实际教学工作之中；引导高校教职员工积极、灵活运用网络手段，将宝贵的教育资源导入自己的课堂教学实践，实现单一教学向多媒体教学的转化，并借助"慕课"教学模式，实现课堂教学效果的提升以及育人质量的提高。

1. 给予教师团队支持

无论哪一领域，都离不开团队协作，而高校教师却因受制于学校和学生数量，仍沿用个人作坊式的工作方式，教师群体之间缺乏协作，沟通泛泛，教师个人更是身陷低水平、高重复、枯燥乏味的工作之中，这一现象在教师群体中绝非个例。"慕课"教学模式因其平台中的学生数量无上限、回答问题及作业批阅等工作量巨大等特点，与我国高校教学的"个人作坊"模式格格不入。

因此，高校实施"慕课"教学模式，急需一个强有力的教学科研团队，以此为支撑建立我国高校的"慕课"平台。在此平台中，各个高校要协同互助，教师要各司其职，亲密合作而又各有侧重，做到校内、校际、社会团队通力协作。

2. 提高教师教学水平

我国高等教育改革的首要目的在于，以学生为本，全面提高教育质量，提升受教育者的综合素质，实现受教育者全面发展，而直面受教育者的一线教师在这一过程中必将起到决定性作用。换言之，若三尺讲台皆"名师"，那么走出校门皆"高徒"便会成为可能。

名师其实是一个概念，指的是道德品质高尚、深刻理解教学内容、研究领域建树出色、知识体系扎实、知识结构广博、实践经验丰富的高级教师群体。而在我国当前的教育环境中，名师资源确实较为稀缺。并且，各高校的名师资源也未能够充分发挥其作用，遭到了严重浪费。单纯依靠传统的教学模式难以遏制这种资源浪费。

"慕课"教学模式为这一问题的解决提供了一个全新的思维和解决方式，

"慕课"平台为国内外名师开设课程提供了便利，也为教师的自我提升提供了一个渠道。在我国高校的"慕课"平台中，高校教师可以通过"慕课"课程的学习，认识名师们先进的教育理念，了解其授课、讲演方式，更好理解学科课程精神，紧跟时代步伐，拓宽视野，扩展学科外延，并汲取经验与自身实际相结合，提升自身的教学能力，从而更好地从事教学工作。因此，应该倡导广大教职员工积极参与慕课学习，实现"教与学"结合。当然，"慕课"平台并不能让人人皆为名师，但它为大多数高校教师提升自我修养提供了一个新的、更便捷的通道。

（三）实施全面质量管理

提高"慕课"教学模式的教育质量是实现"慕课"教学模式长期可持续发展的关键。为此，"慕课"教学模式要在全面满足受教育者需求的过程中，以科学的管理手段和效能控制机制来确保"慕课"教学模式的发展，坚持"以质为本"。我国高校要将课堂学习与线上海量资源优势相结合，拓宽知识面，优化知识结构，创新学习与培养模式。同时，要汲取全球"慕课"教学模式的先进经验，立足国内现实，尽快建成有中国化、本土化的"慕课"教学模式，以促进我国高等教育办学质量的不断提升。

1. 制定质量标准体系

事实上，"慕课"教学在经历了初期的"甜蜜"与短暂的繁荣之后，其课程质量一直为人们所诟病，部分课程甚至因教学质量问题而被宣布取消，这导致"慕课"教学模式一度陷入舆论的质疑。"慕课"课程质量参差不齐的主要原因在于，课程质量标准缺失和课程质量评估体系的不健全。为此，我国高校在构建"慕课"教学模式时，一定要制定一套严格的质量标准体系，建立起完善的课程质量评价机制，以提高"慕课"课程的质量。具体可以从以下两个方面着手。

首先，在课程质量标准体系方面，可以从授课市场、内容授课和教授资格三个环节入手，实事求是，制定严格的课程质量标准。

其次，运用"自评"与"他评"相结合的方式，与具备能力和条件的第三方测评机构合作，制定严格的课程质量评估体系，优胜劣汰，保障课程质量。

2. 创新考核方式

现有的"慕课"教学模式大多采用同伴互评、在线测评等考核测评方式，作弊现象也就随之产生，难以规避，这使考核结果备受质疑，这也是"慕课"教学的学分或考核结果不被承认的主要原因。因而，我国高等学校在构建"慕课"教学模式时，必须在考核方式上进行创新，促进考核可信度的提升。

除了增加开放性考核内容之外，还可以从以下两种途径着手，对考核方式进行改善，扭转"慕课"教学模式的这一窘境。

第一，各大高校之间协同合作，组建一种实地线上考试模式，由认可"慕课"学分的学校负责组织现场监考和阅卷评价工作，让学习者参加实地在线考试。

第二，与有实力、有资质的第三方测评机构通力合作，并由其负责成绩评定，构建监督考试机制，提供有监考的考试，提高考核信度。

（四）完善相关学历认证

"慕课"教学模式因其教学内容的广博性、外延性等特点，从根本上有别于现存的传统高校教学的方式，这就对我国高校现有的教学管理制度提出了新的、更高的要求，如若继续沿用原有的制度，生搬硬套，将不可避免地影响和制约"慕课"教学模式的发展，其优越性也就无从实现。比如，"慕课"教学模式的运用势必引发大量学习者在线注册，那么如何对校内校外两个学生群体进行统筹兼顾的学分、学习质量评估？又如，何时检测线上学习的学习内容和进程？本校学生在线上学习其他院校课程又该如何加以认可？诸如此类的问题是慕课教学模式发展不得不面对的问题。

首先，"慕课"教学模式的组织管理者要有能力提供标准的、高含金量的学历证书，并具有远程监督等技术能力，确保学习者是在独立情况下完成课业。高校教师也可利用课堂教学时间，对学生已经完成的"慕课"课程进行提问和讨论。此外，教师可以采取线上授课与实地参考相结合的模式对高校内参与"慕课"课程的学习者进行考核。同时，教师还可以给有意愿获取学历认证的学习人员布置额外课业，为学习者制定多层次的评鉴标准，可将论坛讨论参与度以及互动程度皆纳入评分体系。

其次，我国教育管理部门应当提高对"慕课"教学模式的认可度，对"慕课"学习者的所得学分及学历认证予以重视，并制定相关政策，促进"慕课"教学模式的学分制度与现实高校的学分制度尽早实现完美对接。

最后，应当更新社会民众的观念认知，尤其要促进用人单位、企业雇主对"慕课"的学历认证形成正确认知。目前，Coursera 所提出的吸引企业赞助学历认证、证书颁布项目，以及 Udacity 推出的就业匹配计划，都值得我国高校学习和借鉴，这些项目都在一定程度上增进了社会、企业对"慕课"的认可程度。用人单位可以更直观地了解到求职者在"慕课"学习中的全部表现，进而更全面地对人才进行综合能力考察，形成更科学、更合理的人才选拔制度，使慕课平台上的学习者能够得到客观、公平的认证。

第六章　创新视角下的日语翻转课堂教学

翻转课堂教学模式在日语专业教学中有其可应用的现实条件，对于传统学习理念、学习方式等的转变具有很好的导引作用。本章对日语翻转课堂教学模式进行了系统的分析和论述。

第一节　翻转课堂概述

一、翻转课堂的起源

1996 年，在美国迈阿密大学教授"经济学入门"课程的莫林·拉格和格林·普拉特开始实施翻转课堂的实验，受到学生的广泛欢迎，并取得了显著的效果。2000 年冬季，他们在《经济学教育杂志》发表了题为《颠倒的课堂：建立一个包容性学习环境的途径》一文，介绍了他们采用的"翻转教学"模式，以及取得的成绩，而翻转课堂作为一个独立的概念被提出是在 2000 年，J. 韦斯利·贝克发表在第 11 届大学生教学国际会议上的论文《课堂翻转：使用网络课程管理工具，成为身边的指南》，掀起了一股大学实施翻转课堂教学的浪潮。

2007 年，美国科罗拉多州林地公园高中的两位化学教师乔纳森·伯格曼和亚伦·萨姆斯由于为落课的学生补课需要花费太多的时间，出于私心，他们开始利用屏幕内容截取软件来录制视频课程，然后把它们放到网上方便学生使用。令人惊讶的是，学生对这种方式非常感兴趣，也取得了一些成绩。这一做法也逐渐影响到了小镇上其他的教师。慢慢地，两位教师发现一个简单的问题，学生完全可以自主先学习知识，只有遇到问题的时候，才真正需要教师的帮助。于是他们就把所有的化学课视频录制完，让学生作为"家庭作业"回家观看视频。这样课堂上就会留出大量的时间来帮助学生解决他们遇到的难题。2015 年 1 月，由乔纳森·伯格曼和亚伦·萨姆斯两位教师针对翻转课堂实践探索的著作《翻转课堂与慕课教学：一场正在到来的教育变革》一书出版。他们以回答翻转课堂"是什么"和"不是什么"两个问题的方式对翻转课堂进行解答。他们认为翻转课堂教学模式既能帮助他们的学生更好地掌握课堂内容，又能帮助他们成为更好的学习者。学生不仅在考试中取得了更好的成绩，而且真正加深了对学科知识的认识。乔纳森和亚伦还讲述了这种课堂模式使他们能更好地与学生交流，与学生建立了更亲密牢固的关系，学生也因此得到了更多个性化的学习机会。同时他们在书中也提到，"翻转课堂使教师能够利用科技增进与学生的交流。不过在此必须加以说明，我们并不是宣扬在线指导取代课堂和课堂教师。事实上，我们坚信，翻转课堂是在线教育和面对面授课的完美结合，是很好的'混合'课堂典范。"①

2006 年萨尔曼·可汗以"谁都可以享受世界一流的免费教育"② 为使命，创办了"可汗学院"。可汗学院的教学视频推动了翻转课堂模式进行教学的进一步普及。2012 年，萨尔曼·可汗写了《翻转课堂的可汗学院：互联时代的教育革命》一书。书中，可汗对翻转课堂的定义为：让学生按照自己的学习进度在家中听课，然后在课堂上与教师和同学一起解决问题。在书中，可汗明确地提出传统教育模式以教授为主存在的弊端以及呼吁"有秩序的混乱"的翻转课堂。

"翻转课堂"自 2011 年就被引进国内，重庆市江津聚奎中学是国内基础教育阶段最早对这种教学模式进行探索与实践的学校。在经过四年多的实践探索中，聚奎中学对翻转课堂教学法进行了本土化的改造。聚奎中学将翻转课堂诠释为：学生在课前通过教师分发的数字化材料（音视频、电子教材等）进行自主学习，回到课堂后与教师和同学互动交流，并完成练习的一种教学形态。至此，翻转课堂从美国的"在家"和"课堂"翻转，变成了中国本土化的"课前"和"课中"的翻转。

二、翻转课堂的概念解读

所谓的"翻转课堂"，是指教师根据所授课程的教学内容、教学计划、教

---

① ［美］乔纳森·伯格曼，亚伦·萨姆. 宋伟译. 翻转课堂与慕课教学 一场正在到来的教育变革 ［M］. 北京：中国青年出版社，2015：46.

② ［美］萨尔曼·可汗. 刘婧译. 翻转课堂的可汗学院：互联时代的教育革命［M］. 杭州：浙江人民出版社，2014：85.

学难点等来精心制作微视频，学生在家里或者其他环境利用课外时间对教师制作的微视频进行自主学习，然后在与教师一起回到课堂上，进行师生之间面对面交流和讨论，并一起完成学习过程中遇到的疑惑或者课堂作业的一种新的教学方法。

翻转课堂是一种相对于传统教学模式背景下学生课堂上听教师讲授所学知识，课下完成本节课程的作业练习这一学习形态而言的。翻转课堂与传统课堂不同的是学生先自学然后教师在教，是一种自主性、互动性以及个性化的新型教学模式，相对于传统教学来说，此教学方法可以提高教学质量和学生们学习知识的学习效果。但是翻转课堂与传统的在线视频学习又不一样，不等同于在线视频学习，因为该教学模式除了学生课前自学教师制作好的微视频外，还需要师生之间进行面对面互动探讨交流过程，即师生之间发生的有意义的学习活动这一知识内化过程，它并不是用微视频来取代教师课堂传授知识，不是学生毫无章法地随意学习，也不是让全体学生都盯着电脑屏幕上的微视频进行枯燥的学习，更不是让学生孤立的学习。翻转课堂是一种增加师生之间互动交流的新型的一种教学手段，是让学生自己对自己的学习进行负责的一种新的有效教学手段；教师则成为学生身边的帮助者、引导者，不再是讲台上高高在上的严肃的"圣人"。翻转课堂是对知识的一种直接讲解与建构主义相结合的学习模式，即使学生课堂上缺席，也不会因此而被落下，这种课堂是一种被永久存档的课堂，学生可以随时随地地翻出课程进行查缺补漏，这样一来，就可以慢慢地调动学生的积极主动性。

具体来说，翻转课堂包含以下三个层面的内容。

(一) 学习流程的重构

传统意义下教师的角色，使讲台与学生间有一道无形的距离，课堂是教师一个人的"表演舞台"，教学过程大致为先"信息传递"，后"吸收内化"。在新课改背景下，应将教师个人的演唱会变成大型音乐会，教师由"独奏者"转变到"伴奏者"，在课前让学生熟悉"乐谱"，即"信息传递"这一过程先进行，加以在线辅导与帮助完成，之后在课堂中，学生间相互磨合"乐谱"进行"演奏"，增加学生的学习动机和成就感，促进教学相长，师生心理相容，彼此共同发展，成为"学习共同体"[①]。

---

① 金陵."翻转课堂"翻转了什么？[J].中国信息技术教育，2012 (09).

（二）课堂的把控

"把控"一词可以理解为"调节、控制"，课堂时间是翻转课堂教学模式中知识内化和顺应的重要阶段，有效的课堂调控能够营造良好的课堂氛围，为学生发挥创造性潜能提供契机，使课堂更加高效，以学生为主体的教学在翻转课堂中得以充分体现。

基于翻转课堂的美术课堂的把控，教师成为课堂活动的组织者、参与者和对话者，学生是翻转课堂的出发点和落脚点。教学是在精心设计的课堂探究活动或讨论活动指引下学生积极主动的学习。在课堂中，把控好课堂节奏和各个活动间的时间分配，让学生的讨论交流、头脑风暴、总结发言的过程始终以学生为中心，把课堂交给学生，使其不断冲破层层阻碍，在阐述讨论交流中潜移默化地习得知识，掌握学习技巧，并用鼓励性的语言激发学生思考，不断给予及时性评价，完成整堂课程的进程。

（三）微课程资源的循环性

从小范围来说，微课程在每节课前上传至班级公共网络平台后，具有易保存和检索的特性，方便学生学习。教师与家长保持有效的联系，督促学生养成课前自学的习惯，下载观看并自行学习，完成微课程中设置的相关问题，进行及时检测。学生根据自身学习情况，可以再反复观看学习微课程，查漏补缺，设定微课程学习状况的评价平台，对微课程问题的解答评价能让教师及时了解各个学生学习状况，为学生提供有针对性的指导和帮助，促进学习的有效性，为改进教学微课程提供经验，在日后的学习中，学生根据需要还可观看复习。

同时，优质的教育资源能够不局限于一个地区，一个国家，利用微课程的学习能够促进学生享受教育平等，推动教育发展。

三、翻转课堂的核心要素

翻转课堂是对传统教学模式和教学方法的革新，通过知识传授与知识内化两个阶段的翻转，提高学生学习的主动性和学习效率；教师应把握翻转课堂的关键要素，准备富有创造力的教学资源和学习环境，组织多样化的课堂教学活动，通过学习分析为学生提供更有针对性的教学，充分发挥翻转课堂的优势。

（一）翻转课堂的学习活动

课堂的学习活动是翻转课堂设计的核心部分。翻转课堂的有效实施需要建立在设计良好的学习活动的基础之上。

在翻转课堂教学过程中，新知识的学习过程已经在课前完成，取代了传统课堂教学中的教师讲授新知识的模块，给师生留下了更多的课堂时间，如何利用好课堂时间组织教学活动，促进知识内容，是决定翻转课堂是不是成功的关键。目前在国内提及翻转课堂，大部分人都是集中在如何制作教学视频上，但实际上比视频更为重要的是课堂活动的组织。

翻转课堂教学活动包括小组学习活动、全班交流活动和个人学习活动，但以小组学习活动为主翻转课堂教学活动涵盖了解答学生疑问、解决重点难点、课堂讨论、探究实验和练习巩固等多个方面，教师需要根据学科特点和学生实际情况精心设计课堂活动。翻转课堂需要良好的互动和有意义的深度学习。翻转课堂设计对教师的教学能力和综合素质有较高要求，教师需要在课堂中敏锐地发现多数学生存在的困惑，并及时解决。纵观目前不少学校的翻转课堂，由于形式过于单一，甚至全部活动用来做练习测试，导致学生慢慢失去了兴趣。

在正式上课前，教师应当确保学生已经观看了教学视频，并完成单元检测，即要求学生在课前完成基础性的测试题目，以便于学生自己及教师发现问题，了解实际学习效果。在课堂上，教师通过设计有意义的任务和具有挑战性的问题，激发学生思考，推动学生间进行互助交流，对于一些自控能力较差或是自己学习有困难的学生来说，学习小组可以起到监督和带动的作用，帮助学生打破在课外学习的孤立感，进一步增强学习效果。翻转课堂教学设计的核心是，教师要对学生的疑问进行整理，对其中具有代表性的问题，应放在课堂上集中讨论解决，对于个别学习相对滞后，或是学习积极性不高的学生所存在的问题，可以在课前单独给予指导。

翻转课堂教学设计，还要重点关注如下问题。

1. 解决学生疑问，层层引导

学生完成了前一阶段的自主学习，教师在课堂上可以直入主题，就学习中普遍存在的疑惑集中给予解答。此外，教师也应关注个别思维更加活跃，学习进度较快的学生提出的问题，这类问题往往可以作为一条主线，引导学生作进一步探究。

2. 交流协作，加深内化

由于教学视频可能只涉及基本的知识讲解，因此在知识深化方面，教师可以根据学生的兴趣及学习能力将学生分组，通过布置任务完成知识的深化和内化，学生在交流中相互启发和批判，同时也提升了团队协作和沟通能力。在学生分组学习时，教师也应参与到学生当中，对出现的问题给予点评，及时纠正偏离方向的讨论，提高课堂学习效率。

3. 统筹兼顾，突出重点

课前的教学视频只针对重难点，对于其他一般性的知识点，教师可以放在课堂上完成讲授，避免知识的割裂。

（二）翻转课堂的学习资源

翻转课堂的有效实施需要丰富优质的学习资源来支持，这些学习资源可以是微课视频、电子课件、互动电子教材、学习网站、在线课程、文本教材和练习题等，其中微课视频是最常用、最重要的学习资源，内容以知识点为单位聚集新知识的讲解。

从视频的形式上看，怎样在 10 分钟以内牢牢抓住学生眼球，需要教师在录制视频时充分考虑视频的视觉效果，灵活采用画面、声音等多种表现手法此外，字幕的配合也很重要，字幕是画面、声音的延伸和补充，能够弥补授课者口音的缺陷，更清晰准确地传达视频的信息。从视频内容的实质上看，教师需要把握的是视频应该有益于学生在课前进行探究式学习，视频应该是那些足以引发学生兴趣、讨论、质疑的材料，如果视频只是单纯地录制教师讲授的内容，实质上还是没有打破学生被动接受学习的模式，只不过将听课的地点由课堂移到了课外，终究是回到传统教学的老路上了。

除了传授知识所需用到的教学视频，教师还应当着手建立扩展资料库，为学生提供可以扩展学习的资料，这些资料包括其他开放学习平台提供的视频、文字阅读资料、习题库等。扩展学习有助于学生进一步了解所学内容的背景知识、与其他知识的联系，不仅帮助学生更好地理解和掌握教学大纲中的知识点，而且进一步培养了学生自主学习的能力。

翻转课堂学习资源主要用于支持学生课前的自主学习。为了取得更好的自主学习效果，除了为学生提供视频资源外，教师还需要提供精心设计的自主学习任务单与视频资源配套使用。学生依据学习任务单的要求观看视频，完成知识学习。学生只有在课前完成对学习资源的学习，获得了知识内容并发现学习过程中存在的疑难和困惑问题，带着问题参与课堂的讨论活动，才能达到知识内化和创新的目的。

（三）翻转课堂的学习分析

翻转课堂的教学评价除了应用传统的课堂评价手段外，还普遍开始采用基于在线教学的学习分析技术。学习分析技术指的是运用先进的分析方法和工具预测学习结果、诊断学习中发生的问题、优化学习效果的一类教学技术的集合。①

教师利用翻转课堂网络教学环境收集大量学生学习过程产生的数据，并利用学习分析技术对数据进行解释和分析，可以有效诊断学生的学习问题，评价学生的学习进展，甚至可以评价学生的高阶能力，如批判性思维、协作交流与问题解决能力等，并适当调整教学过程：学生自主学习存在的疑惑，可以用来作为课堂活动设计的基础；学生发现微课视频中存在的不足，可以用来调整视频等。例如，在微课学习过程中，教师发现某个环节或知识点被学生们反复浏览和点击的时候，要意识到这可能是一个对学生来说难以掌握的知识点，或者自己的讲解有问题，需要据此调整教学。

（四）翻转课堂的支撑环境

翻转课堂的实施需要网络教学环境的支撑，翻转课堂的支撑环境主要由网络教学平台和学生学习终端等组成。其中，网络教学平台要能够实现课前课中互联、师生互动、当堂练习反馈与数据统计分析等功能，这是实现翻转课堂教学的基础环境；学习终端能够支持学生的微课学习、网络交流、互动练习。翻转课堂的网络支撑环境为师生提供了一个虚拟学习空间，为师生开展与衔接各种课前、课中、课后的活动提供基础。

用于构建翻转课堂网络教学环境的软件，有课程管理系统、学习管理系统或者学习内容管理系统。其中被师生广泛使用的免费开源软件有 Moodle、Claroline、Saikai、Atutor 等。另外，学习活动管理系统也可以用于构建设计、管理和传递网络教学活动的网络支撑平台。学习活动管理系统构建的学习环境支持以学习活动为中心的教学设计，并提供整合教学资源、实施网络教学与评价的相关功能，可以为师生提供一个学习过程图形化、可视化的网络平台。

四、翻转课堂的实质

翻转课堂是教育信息化环境中，通过对知识传授和知识内化的颠倒安排、对传统教学中师生角色定位的转换以及对课堂时间使用的重新规划而建构的一种新型的教学模式。②

翻转课堂实质就是利用现代教育技术和教学工具，从根本上影响学生的学

---

① 黄美仪等. 基于教育云的智慧校园系统构建 ［M］. 北京：北京邮电大学出版社，2016：111.
② 王勇. 翻转课堂的理论与实践——基于应用型本科人才培养的探索 ［M］. 杭州：浙江大学出版社，2016：48.

习方式和环境。这种教学手段是在课前学生自主学习；课上充分利用教学时间，教师与学生进行充分交流；课后总结与检验教学效果。学生需要自己熟悉学习环境和教学内容，不再是完全被动地去学习；教师是教学的参与者与引导者，而不再是知识的权威与灌输者。翻转课堂改变了传统的教学方式，让教师更了解学生，从而因材施教，同时也颠覆了传统的课堂管理方式。从翻转前后的课堂时间安排来看，很多教育者简单地认为翻转课堂的实质只是颠倒了传统教学流程，把传统课堂上的教师讲解部分移到了课前让学生自己学习；有人还认为这种自己学习其实也只是通过观看视频被动地学习，并没有激发学生的学习主动性。

（一）翻转课堂实质的反向阐述

首先，慕课时代的翻转课堂不是"可汗学院"。尽管"可汗学院"提供了许多优质的视频资源，减轻教师制作视频的压力，让学习者能接触不同教师的教学风格，但在翻转课堂教学中教师所提供的视频都根据自己学生的具体情况量身定做，而不是简单照搬。视频中穿插的提问、测试以及交互讨论的平台都是为更好地帮助学生掌握知识，感受学习的"沉浸感"，以及建立亲密的师生关系。

其次，翻转课堂不是教师的替代品。翻转课堂的教学视频设计和制作离不开教师的智慧和劳动；同时，了解学生自学环节存在的问题、困难，以及对课堂讨论的设计也离不开教师的参与；此外对于少数不按要求完成学习任务的学生，教师需要付出更多的时间和精力。因此，对于很多研究者在文章中所提到的，翻转课堂使教师变为旁观者，在课堂上陪学生观看自己的授课视频，这样的翻转课堂是伪翻转。相反，翻转课堂真正让教师实现了既备教材，又备学生，腾出宝贵的课堂时间，给教师履行为学生解惑的职能，换句话说，教师是学生身边的"教练""引导者"，而不是讲台上的"圣人"，它更能增加学生和教师之间的互动和个性化的接触时间，教师的作用比以前更重要了。①

另外，翻转课堂不是单纯的在线视频。视频教学是翻转课堂的前提和基础，没有学生高质量的课前学习，课堂环节就无法开展。但翻转课堂的精髓是灵活，这也是视频教学带来的益处。教师有充裕的课堂时间开展多样的教学活动，让学生有机会在具体环境中应用其所学内容，如学生创建内容、独立解决问题、探究式活动、基于项目的学习等。

翻转课堂具体到学习过程有以下几点变化：在教师方面，由学生学习的引

---

① 宋星. 高校微课开发与建设研究［M］. 成都：电子科技大学出版社，2017：79.

路人和课堂维护者变成了学生学习的指导者；学生由学习上的接受者转变为了学习上主动研究者；在教学形式方面，由课堂上学与课后练习相结合的方式变成了课前学习与课堂上练习相结合的方式；在课堂内容方面，由教师讲解变为了学生自主探究学习；在知识应用方面，由教师将应用简单地进行展示变成了让学生们自己互相交流，并且在学生互相交流自己知识的应用方式中掌握知识应用的要点。

（二）翻转课堂实质的正向阐述

1. 翻转课堂翻转了教学空间

在翻转课堂教学模式下，教室不再是教师讲授、学生听讲的空间地点，它成为教师帮助学生解答疑问、辅助学生完成学习任务的场所。客观上看，教室与课堂虽依旧是整个教学过程发生的地理处所，但其间完成的教学环节却发生了根本性的变化：传统教学方式下本应由学生独自在家完成的练习，即知识的掌握与内化过程，被转移到课堂上来实现。传统教学中的课堂讲授在翻转课堂模式下凭借现代信息技术的支持，以视频资料等形式于学生到达课堂之前下发，并由学生自行学习并完成相关测试；学生学习的物理空间也不再局限于学校的教室，它扩展到了住所、图书馆等场所。

2. 翻转课堂翻转了教学流程

传统教学流程大致可总结为"课堂教授—作业练习"，翻转课堂的教学流程大致为"学生学习材料—练习测试—教师辅导"。对照传统教学的"教师教在先，学生练在后"，翻转课堂的教学步骤可理解为"学生学、练在先，教师辅导在后"。如此时间概念上对传统教学流程的革命，映射出翻转课堂是对传统教学在观念上更加深刻的变革——对教学过程中主体的重新确立。

3. 翻转课堂翻转了教学主体

传统教学中的主角无疑是教师，课前教师设计课堂，课中教师主导课堂，课后教师通过练习巩固课堂。在翻转课堂教学模式下，学生课前完成对教学资源的学习，教师和学生在课堂上一起讨论交流、协同完成各种学习任务。学生在学习中自己发现问题，解决问题，最后在教师指导下，对学习成果进一步总结升华。可见，翻转课堂模式中学生的参与远远高于传统课堂，充分彰显了学生在学习过程中的主体性，学生的学习主动性得以极大提高。较之传统教学中的"教师一言堂，学生被动听"，这种"以学生为中心"的探究式学习特点是翻转课堂在全球范围内大受推崇的真正原因。

4. 翻转课堂翻转了教学形式

从形式上看，翻转课堂教学形式是对传统课堂教学形式中课下与课上环节的颠倒，将传统教学形式中，课上的知识传递过程与课下的知识内化过程颠倒过来，在课前实现知识的传递，在课上完成知识的内化。

1956 年，布鲁姆等人把认知领域的教学目标分为 6 个层级，40 多年后，布鲁姆当初的合作者克拉斯沃尔对此模型进行了修正[①]。依据该模型来看，在传统教学模式下，第一阶段中的记忆、理解过程发生在课堂上，而第二阶段则发生在课外。然而从第一阶段到第二阶段，知识的难度由低到高，学生所需的思维能力也由低到高。在传统的教学形式下呈现出有教师陪伴的时候开展低难度的学习，没有教师陪伴的时候却开展了高难度学习的不合常理的现象。而在翻转课堂教学形式中，将第一阶段的知识传递过程提前放到课前，而将高难度的知识内化过程放在师生面对面的课上，将这种不合理现象变得合理。

5. 翻转课堂翻转了教学关注点

从宏观层面上看，翻转课堂获得了信息技术的大力支持，这种支持触发了学校教育模式的整体变革。变革过程中最关键的是教师和学生之间的关系、地位和作用发生了本质性的转变，翻转课堂将传统教学中的以教师为主体转变为以学生为主体，教学流程采用课前在线学习和课上面对面交流、合作的形式通过课前的知识获取和课上知识的内化，分解知识的难度，增加知识内化的次数，促进学习者知识的有意义建构，实现掌握知识的最终目的。由此，翻转课堂已然使学校和教师由关注课堂教学内容转变为关注学生学习活动的全过程。

第二节　翻转课堂教学的优势与劣势

信息技术的注入使学习过程突破了时空的限制。在传统课堂中，由于受课堂有限时间的限制，教师只能为学生提供最简洁、最有用的学习资源。而在翻转课堂中，教师可通过网络环境向学生提供形式多样、内容丰富的学习资源，尤其是教学视频的使用，使翻转的课堂得以实现，也使学生的个性化学习、分层次学习变为现实。信息技术的使用弥补了时间和空间的不便，使师生之间、生生之间可以随时随地开展互动。并且，教师可以通过网络环境及时掌握学生的学习情况。另外，翻转课堂还有助于提升师生的信息技术素养，提高运用现

[①] 宋星. 高校微课开发与建设研究［M］. 成都：电子科技大学出版社，2017：80.

代教育技术的能力。

一、翻转课堂教学模式的优势

翻转课堂教学模式改变了教学方式。教师在课堂上不再像往常一样站在学生的前面跟学生讲解 30~40 分钟。这种激进的改变让我们以不同的角色定位教师与学生之间的关系。下面将从三个方面论述翻转课堂教学模式的优点，这也是为什么实施翻转课堂教学模式的原因。

（一）教师方面

1. 增加教师与学生之间的交流，让教师更好地了解自己的学生

随着网络技术的发展，远程教育有了快速的发展。在远程教育快速发展下，有些人提出了学校的"消亡论"。然而这种论断忽视了教师与学生之间的交流对学生成长的意义。

2. 有利于教师的职业发展

通过观看其他教师制作的微视频知道自己的同事如何教授一个概念，为各自的教学提供一个被了解与改进的窗口。有网络提供的开放性的窗口让"拜访"每个教师的课堂成为可能。然而这对于充满繁忙的教学生活是不可能做到的。

3. 改变了教师在课堂中的角色

在传统课堂里，教师是讲台上的"圣人"。在翻转课堂教学模式下，教师走下讲台，更多时间用在帮助学生、领导小组解决问题、与理解有困难的学生一道解决问题。此时，教师是一个"教练"，引领者学生行进在学习的路上。教师有更多的机会鼓励学生，告知他们：他们所做的什么是正确的，解除他们的迷惑。

（二）学生方面

1. 翻转课堂道出了学生的心声

现今的社会，网络时刻伴随着学生的成长，微博、QQ 以及其他的数字资源。由于学校禁止学生带这些电子设备进入课堂，当学生在学校的时候，必须要把自己的电子设备关闭。然而令人悲伤的是，学生会还是会把自己的手机、平板等偷偷装在小口袋里带进教室。在信息化时代，我们应该顺应时代的潮流，接受数字文化，包容数字化学习，让它们为我们学生的学习服务。在翻转课堂里，学生被鼓励带自己的电子设备，一起合作学习，与教师进行互动这样的课堂更激发出无限的活力。

2. 教会学生对自己的学习负责

在翻转课堂教学模式下，学习的责任放在了学生的身上。为了成功，学生必须对自己的学习承担起责任。学习不再是对自己自由的一种负担，而是不被束缚和不断探索的挑战。教师放弃对学生学习过程的控制权，学生掌控自己的学习。与此同时，教会学生学习的价值并不是进入学校学习仅仅只是拿到分数和教师的评分。翻转课堂促使学生去学习而不是去记忆，让学生成为真正的学习者。

3. 翻转课堂帮助繁忙的学生和学习困难的学生

在翻转课堂式教学模式下，繁忙的学生不用担心自己因为要去参加学校的竞赛等活动而落下自己的课程学习。因为主要的课程已经在线传到网络上。现在学困生是让教师、学校很头疼的事情。在课堂上，能够引起教师极大关注的往往是那些学习成绩优秀或者性格开朗的学生。对于那些在课堂上保持沉默的学生，教师自然关注度比较低。在传统的课堂教学中，教师无论是对学习能力强的还是对学习有困难的学生都是以统一的步调讲解知识。对于学习存在困难的学生来说，在他们还没有理解清楚这个概念的时候，教师已经讲到下一个知识点，这种疑惑越积越多，到最后这些学生的积极性和自信心越来越受挫，导致他们不再想学习，学困生就是这样产生的。翻转课堂可以为学生提供弥补的机会。

4. 学生可以自定步调学习

在传统的课堂里，教师授课，学生在课堂里只是作为"静听者"。作为教育者，教师有特定的课程需要呈现在课堂上。学生被期望以一种给定的框架学习知识体系，教师很大部分希望自己的学生能够理解在课堂上所呈现的知识。然而教师，甚至是最好的演讲者或者呈现者仍然有落后或者不理解必须要理解的内容的学生。当教师翻转课堂时，即给予了学生远程控制的权利。学生可以根据自己的理解程度适时按下"暂停键"。

5. 学生有机会向其他教师学习

大部分学生偏爱自己的观点教师录制的教学视频，但是一些学生会发现看其他教师的教学视频后，自己会从另一个角度来理解相关的问题。位于美国密歇根州的维克森林大学在全校所有学科实施了翻转课堂，学生除了观看自己的教师制作的视频也可以观看其他教师制作的视频。每个教师有不同的思维方式，对知识解读的方式也不一样，学生或许在观看其他教师的视频中会获得意想不到的收获。

6. 增加了与教师个性化的接触时间

在传统课堂里，由于教师是讲台上的"圣人"，学生与教师的接触仅限于课堂中少有的互动环节。在翻转课堂里，学生在自由讨论环节，教师在教室里巡视，可以针对学生的具体疑问进行解答。这样的课堂增加了学生与教师之间的互动时间和交流，教师对学生的学习情况将有进一步的了解。

（三）课堂教学方面

课堂时间被重新分配，得到高效地和创造性地利用。在传统课堂里，课堂大部分时间被教师用来讲授，真正用来与学生交流的时间仅仅限于课堂的有限时间中。在翻转课堂教学模式下，教师用更多的时间教学和促进学生学习而不是站在讲台上说教。学生在交流中、在做中学。当学生在家遇到学习困难的时候不再感到无助，教师可以利用课堂时间与学生进行有意义的交流，观察、引导和帮助学生。

（四）家长方面

翻转课堂也为家长了解学生的课程学习提供一个可视化的窗口。大部分家长也许随着时间的推移已忘记之前自己做学生时的相关知识。当孩子问自己所遇到的难题时，家长会感到很沮丧。他们感谢学校里的教师在课堂上对学生的疑问进行解疑。此外，在翻转课堂教学模式里，家长可以与自己的孩子一起观看教学微视频，与孩子一起学习，更新自己的知识。这种交流方式在某种程度上有利于家长与孩子之间的情感沟通。同时，家长可以随时了解到孩子学习的进程，关注到孩子的学习的进步，了解到孩子在学校的表现等。因此，无论从学生、教师、课堂教学还是从家长方面，他们都认为翻转课堂教学模式在一定程度上克服了传统教学模式的弊端，有利于实现学生的真正的发展。

二、翻转课堂教学模式的不足

（一）教学视频方面

教学视频的质量也许是不佳的。一些教师在面对面的教学中也许很出色，他或许在制作高质量的教学视频方面存在欠缺。课堂教学中，教师面对真实的学生，他的讲授有真实的群体存在。但录制教学视频时，现场并没有学生群体的存在，教师只是根据课程的安排，独自在录制教学视频的设备旁边各种因素，诸如周围环境、设备和教师自身的状态等因素，都会影响到教学视频录制的质量和水平。教学质量录制的水平直接影响到学生课前知识学习的水平，进而影响到学生课堂活动的参与与知识的内化。由于在翻转课堂教学模式中，教学视频是知识传递主要的依托，教学视频质量的好坏直接关系到学生的学习质量的高低。

（二）学生学习方面

第一，在翻转课堂教学模式中，知识是通过教学视频传递的。学生可以用一切移动终端完成教学视频的学习，理所当然的是，所有的学生可以用自己的电脑观看教学视频。然而在一些情况下，对于学生来说，观看教学视频来学习不是最好的。譬如，学生在看教学视频的同时，也在观看音乐会或者足球赛。这将不利于学生课下知识的自主学习。虽然在面对面的课堂教学中也有很多干扰，但至少教师可以通过形成性评估监控理解。

第二，学生在观看教育视频过程中，会出现一些不可控因素。在课前，学生也许不会观看或不理解教学视频的内容，这样学生在课前没有完成知识的学习，将对课堂内教学活动的开展不利。因此在课堂内学生处于准备不充分的状态中，这对于课堂内的很多活动的开展有很大的影响。

第三，如果学生独自观看教学视频资料，他们也许不能向教师或者他们的同学提出问题。因此，除非学生在观看教学视频时，教师能够随时在现场，否则那些重要的能帮助学生理解材料的问题将无法在课堂上面提出，然而这又是很难实现的。

（三）第二语言学习方面

翻转课堂对于第二语言的学习者也许不是最佳的教学方式。对于第二语言的学习者来说，由于他们的语言水平有限，在课堂上的交流会出现局限性。尤其是对于初学者来说，完成课前知识的学习也会存在很大的困难。由于课前知识的学习存在困难，学生的思维受到局限，课堂上的交流将会流于形式。这样在课堂上，教师无法了解到学生存在的问题，学生之间的小组合作趋于表面化。即使第二语言学习较好者，由于语言文化的差异，需要积累更多的课外知识才能帮助学生实现知识的深度学习。

第三节　信息化背景下翻转课堂教学模式与设计

翻转课堂通常有课前、课中、课后三个环节，这三个环节必须要在完备有效的技术平台支持下顺利开展，因此设计好这四个方面的内容，是进行翻转课堂教学的关键要素。

一、翻转课堂的课前设计

课前设计是翻转课堂的重中之重。教师要呈现能引起学生兴趣的文字或多媒体材料，让学生积极主动地投身到学习当中，从而达到对课堂知识的内化，完成课堂翻转。因此，教师要在课前精心设计并制作微视频。

（1）微视频长度不宜过长，一般在 10 分钟左右，最长不超过 15 分钟。

（2）教师在制作微视频时可通过屏幕录制软件将 PPT、电子黑板和手写板的上的内容录制下来生成视频。

（3）教师在讲解过程中，声音要清晰明亮，语速要适中，声音要生动有活力，富有激情。

（4）要将教学内容划分成相对独立的知识点，一个知识点就是一段视频。

（5）在后期视频的处理过程中，要对关键知识点进行特殊处理来突出重点，如对关键知识点可以增加注释，或者通过放大特写等方式来强化出重点。教师可以利用各种媒体采用不同的形式呈现学习内容，还可以借助智能测试网站，设计一些阶梯性的问题，在学生回答之后给予反馈，从而让学生有成功的体验，提高学习的主动性，促进有效学习。

二、翻转课堂的课中设计

课中主要是解决课前学生自主学习所反馈的问题，引导、辅助学生更加深入地探讨新知识。这可以让学生用合作学习的方式进行小组讨论，然后交流展示；也可鼓励学生独立思考，向教师或其他同学提出问题。课堂教学中，教师要主动倾听学生的发言，在听清问题后，可以采取不同的方式交流，如提出新的问题引导学生进一步思考，以此增强学生的被认同感，师生共同学习，进一步促进知识内化。同时，教师要对学生学习的情况及时评价，提高学生的学习兴趣，满足学生真正的学习需求，培养其自主学习的意识和能力。具体来讲，教师可以通过测验、作业、合作、展示和反思来进行课中设计。测验就是教师设计难度跟课前相当的试题，甚至更简单的试题，力图让学生有成功的体验；作业就是设计具有梯度性的练习题，以此来达到内化知识的目的；合作就是将学生分成不同的小组，让他们激烈讨论，相互合作解决问题；展示就是让学生讲解分析问题、解决问题的思路，教师认真倾听，细致观察，适当干预，给予回应；反思就是让学生总结成功的经验和失败的教训，从而系统掌握所学知识，逐步形成自己的能力。

三、翻转课堂的课后设计

课后教师要设计巩固练习试题和课后作业题，该部分的作业要体现出梯度性。教师要充分贯彻"最近发展区"思想，让学生深化知识学习，使学生潜能得到深度发挥。通过作业进一步促进学生对知识的内化，更重要的是建立课后评价机制，如通过微信、QQ、讨论区、在线测试等方式及时跟学生互动、交流，对学生的各种问题和学习效果给予评价，进一步巩固内化知识和拓展能力。

四、翻转课堂的学习平台设计

在翻转课堂中，互联网、移动终端和信息资源库等各种技术手段和学习资源是翻转课堂中学生学习的基础。美国斯蒂尔沃农村地区的艾尔蒙湖小学实施翻转课堂的教师为学生搭建了 Moodle 平台，配备了 iPad 和耳机。教师通过 Moodle 平台上传教学视频和学习资料，同时，还可以了解学生回答问题的情况，并及时评价反馈。学生通过 Moodle 平台在线答题、在线测试等。师生通过 Moodle 平台能够自如地实现互动交流，构建了一个平等、协作、和谐的学习环境。在翻转课堂中，对大多数教师来说，自己搭建平台很困难，要重新学习信息技术的相关知识，这对教师是一个新的挑战。因此，学习平台除了自己搭建以外，教师可以借助有些公司、企业提供的开放学习平台，如超星公司研发的移动课堂互动系统，即超星学习通，该系统可以满足学校师生学习、阅读、教务、社交四大需求，可以解决六大问题，包括提高课堂活跃度，提升教师教学效率，促进教学形成性评价；整合尔雅泛亚课程，实现学分在线修读；培养移动阅读习惯，扩充课堂学习维度；打破校本资源瓶颈，提供开放学习空间；打通教务信息孤岛，实现教务一键查询；实现生生、师生互动，增强交流沟通黏性。良好学习平台的搭建可以保证学生成为学习的中心，并能够更好地发挥教师的指导和推动作用。

第四节　日语阅读翻转课堂教学设计研究

日语阅读翻转课堂教学，主要有课前教学准备、课堂教学组织、课后拓展和教学评价等环节。在课前教学准备阶段制作导学案和录制微课上传给学生进行课前自主学习，培养学生的自主学习习惯；在课堂教学组织中进行分组讨论、学生课堂展示和教师讲解相结合，培养学生的团队协作意识和阅读习惯；课后拓展是通过微课的学习，让学生掌握与所学内容相关的解题技巧和阅读技巧等，拓展知识面；教学评价则是通过学生填写反馈表的形式让学生思考本次课的学习收获，培养学生的思辨能力和提高解决问题的能力。

一、课前教学准备

翻转课堂把传统教学模式中的课堂知识传授提到课前进行，学生利用微课完成自主学习，在这个过程中需要教师做好充分的课前教学准备。日语专业学生在学习阅读课程前已经学习了一些基础课，但由于日语语言本身的复杂性，对日语语法及文章的综合理解还不能掌握学习技巧。传统的日语阅读课程教学，多以教师讲授为主，辅以一些 PPT 课件，学生难以领悟语言学习的精髓及中日文化差异，影响学习效果。

在开展翻转课堂的教学实践中，为了取得更好的学习效果，可以通过向学生提供录制好的日语阅读课程微课，帮助学生了解本次课需要学习的内容和相关背景知识。让学生提前 2~3 天下载微课资源，进行课前自主学习，学习中遇到不理解的知识点，随时可以通过现代网络平台与教师或同伴进行沟通交流。

例如，针对学生在学习单词时出现的难点——复合动词，制作"复合动词的用法"视频，对复合动词进行总结，让学生了解哪些复合动词在记忆时可以通过字面快速记忆，或在阅读过程中，使用猜词技巧，突破阅读障碍，顺利完成阅读内容。同时，也让学生掌握哪些复合动词有多重含义，在理解记忆时，需要多加训练，以达到高频词一旦出现，不会误用的目的。通过这一部分的微课教学，学生反映对复合动词的学习掌握了一定的技巧，对学习其他类似的词汇有着举一反三的效果。

另外，为了拓宽学生的知识面，可以制作"方言的理解"这样的微视频课程，在微课中教师运用动画和声音讲解的形式介绍日本各地方言，学生课前根据微课进行预习，研究微课中所提到的思考题。在课中时间，学生分小组讨论发表自己的看法，通过课堂热烈而又轻松的讨论，提高学生的学习兴趣，丰富课堂教学形式。

二、课堂教学设计

课堂教学设计是翻转课堂教学的重要环节之一，教师要在课前对课堂教学进行策划和安排，通过教师的指导，帮助学生完成该堂课的知识学习，进一步提高学生对知识的认知和理解。在日语阅读课程翻转课堂教学改革实践中，下面主要通过以下几个环节进行课堂教学设计。

（一）分组讨论、协作学习

课前通过教师的导学资源，学生已了解本次教学的基本内容，在课内教师为了解学生的学习效果，以及让学生掌握所学知识，并认识日语阅读课程的学习目标，设计了分组讨论，对每一小节课程的要求、内容及掌握课程中的重、难点加深认识，并且了解运用"互联网+"的新思路，改变原来单一、枯燥的日语学习模式。

在具体实施过程中，可将全班同学自由组合分成几个小组，每组同学对课前发布的关于本节课程的微课内容进行讨论。学生通过前期预习课文及课后练习，对本节课程有整体了解，分组讨论课文中不懂的地方，尝试互相解答，如果仍然无法解答出来，做好记录，等待教师讲解。学生在分组讨论解决问题时，开展协作学习，主要靠小组同学自己去思考文章的主要内容及意义。

（二）教师讲解

通过前期导学的学习，以及分组进行课堂讨论，学生已经对文章的内容有了大致的了解，但仍然不透彻，教师就需要利用课堂时间对学生的学习情况进行总结评价。例如，在学习"集団論理と日本語"时，在课前上传的微课中教师已将日本集团主义的相关背景知识和语法内容进行了讲解，学生通过微课的自主学习，对相关知识和文章内容都有了大致的了解。在教师讲解这一环节主要是对学生未理解的部分进行答疑或补充讲解，使学生完成这部分知识的学习，拓宽自身的知识面，获得更好的学习效果。

（三）学生课堂展示

在教学实践中，为了培养学生自主阅读的习惯，除了让学生课前进行微课的学习，还以分组布置作业的形式让学生阅读名篇名作。每一小组课下共同阅读一部日本名著，题材内容不限，组员进行分工，共同制作相应的PPT，每三周由一组在上课时进行展示，PPT内容涉及作家及作品介绍以及组员的读后感，其他小组认真聆听，展示完毕后教师或其他学生可以进行相应点评或提问。这种形式的课堂展示，不仅可以培养学生的阅读习惯，增强学生的团队协作意识，还可以提高口语表达能力和查阅资料的能力。在小组展示时，教师会对相关展示内容提问，其他组的同学也会全神贯注地听教师的讲解，能够让所有的学生参与其中。在学生进行展示过程中，任课教师可以了解学生的阅读倾向和学习态度，为该课程的学习评价提供依据。同时，在互动中讲解日语相关知识，可以拓展学生的思维。

三、课后知识拓展

课后知识拓展是对课堂上所学知识的补充与延伸，是翻转课堂教学中非常重要的环节。在这个环节，主要是让学生通过微课的学习，理解并掌握相关的知识点，如阅读技巧和解题技巧。同时，它还要求学生课外阅读名篇名著，了解作家的相关作品及文章涉及的社会现象和背景。这个环节不仅能使学生学到日语语言基本知识和拓展知识面，还可以培养学生的日语阅读理解能力。

四、期末考核评价

在期末考核评价中，除了让学生掌握基本的语言知识，更强调学生利用已掌握的语言知识阅读各种类型的日语文章，提高日语阅读能力，在期末课程考核中突出团队意识和协调能力的培养以及解决问题的能力。日语阅读课程的期末考核评价采用多元评价的方式，期末考核主要采用笔试形式，平时成绩则从学生的课前自主学习情况、课堂上参与讨论和课堂展示的情况进行评价。这样的学习评价，可以全方位地评价学生的学习情况。

第五节　翻转课堂教学模式应用于日语教学的建议

翻转课堂下的学生与传统教学模式相比，虽然在自主学习、合作学习、交流讨论、提出问题等学习行为方面有了明显的优势，但仍然还有一些有待于改进的地方，因此，针对这些问题，寻找一些有针对性的策略，从而进一步把学生在翻转课堂下的学习行为做到优化是很有必要的。

一、明确目标

（一）明确教学目标

教师必须明确教学目标。教学目标，有时也被称为行为目标，指要求学生在规定时间段内，经过教学过程之后，学生必须熟练掌握并能灵活应用的技能或者是对某种专业知识的概念的陈述。对教学目标进行陈述时，通常要包括明确说明目标是如何考核的。教学目标必须是在教学内容的基础上，符合教学内容而制定的，教学目标应该非常详细尽量具体，使教学目标更能发挥作用。

（二）明确学习目标

为学生制定学习目标，明确学习目标。学习目标就是指学生在规定时间内，经过自主学习，必须掌握明确的学习要求，包括对知识点的归纳，学习视频后的总结，与同学交流讨论后的整理，还包括对作业习题的熟练程度以及最后对整个学习过程的总结与反思。

（三）明确学习方案

翻转课堂教学模式要求学生课前自主学习，教师并不在课前亲自指导学生应该做哪些事情，没有教师的明确指导，学生容易对学习过程不知所措。所以，这种时候，明确学习方案就显得至关重要。首先应让学生知道到底要在这一单元里掌握学习到的是什么内容，然后根据学案提示观看视频，回答问题，完成作业。要求在不偏离学习目标的路线上反复学习、解答、讨论这个自主学习的过程。

二、教学视频突出重难点

翻转课堂主要是学生在课下提前通过网络获取教学视频，然后自主学习，所以，教学视频中能够直接有效地体现教学单元的重点难点是使学生达到理想效果的核心点。

教学视频地时长应控制在 10~15 分钟之内，多于 15 分钟的话，很难保证学生的注意力集中。所以，教学视频在制作的时候，为了调动学生的观看兴趣，就要保证有一定的趣味性和吸引力。

三、组织好课堂活动

在翻转课堂的教学模式中，学生不再处于被动接受知识的状态，不再是课堂的被动者，而是真正成为学习的主体，主观能动性大大提高。学生也不需要按整体一个节奏来接受知识的吸收消化。比如，可以根据自己的接受能力反复观看网络上的视频资料直到真正理解为止。掌握能力强，理解能力快的学生不仅可以很快地学完教师要求的学习目标，还可以利用网络平台实现跨班级、跨学校、跨专业、跨区域的学习交流。但是虽然利用网络平台有诸多好处，可也不能否定传统教学的教师与学生面对面地交流。因为学生个体有所差异，观看视频尽管可以帮助理解能力弱的学生，可是不能保证每个学生都能够完全理解教学视频中所讲的知识要点。除此之外，学生在课前通过观看视频，完成学习方案要求之后，除了对学习目标知识的理解、疑问时，还会有其他的问题。比如，在师生互动、生生交流讨论过程中产生的新情境、新问题、新方法、新思路等。这就要求教师能够有丰富的课堂组织经验，这样才能保证学生在课堂上的投入程度。教师在课堂上具体要注意以下几点：

（一）做好组织分配工作

翻转课堂的主导中心是学生，是学生为中心的课堂，学生能够做到自主学习、自主交流。但这也不代表翻转课堂就完全不需要教师的安排。翻转课堂教师的角色只是从课堂的主导者转变为了课堂的组织者和协调者，是学生自主学习地引导着。翻转课堂仍然是需要教师调控课堂的节奏。教师要根据学生水平能力对学生进行适当的分组，根据学生的能力不同将他们分成小组，能够做到有小组之间可以互相学习的可能，并选出组长，使组长充分发挥其职责，代替教师起到一定的监督作用。因日语学习不同于英语，学生日语基本都是零基础，日语学习的听、说、读、背缺一不可，但如果教师监督检查每一个学生则时间不够分配。因此，这时，需要组长代替教师行使检查组员背诵情况。督促组员按照教师要求一步一步完成学案要求提前学习，并指导学生小组成员进行合理的分工。当小组成员讨论激烈难以继续时教师要及时介入，要对学生多进行鼓励式教育，激发学生的学习积极性。

（二）走到学生当中去

在翻转课堂中，学生在相互解答疑问，自主交流的时候，教师不能单独站在讲台上，而要走下讲台，走到学生当中去，认真听、仔细观察、问答疑问，关注学生的课堂讨论情况。这样做的同时，既可以避免有的同学闲聊，没有更好地参与到讨论中去，还可以监督学生玩手机或看其他书籍这些与课堂无关的不良行为。此外，教师还要走到学生当中去，通过倾听、观察，及时地了解到学生遇到的问题和有争议的地方。

（三）调控以学生为中心的课堂

以学生为中心的课堂管理与传统的课堂管理并非截然不同，规则仍然是需要的，而且必须不断地向学生说明规则并一贯地执行规则。假如在以学生为中心的课堂中，学生被课堂活动的多样性、参与性以及社会性等深深地吸引和激发，那么再强调纪律也就没有必要了。然而，有些事件也是不可避免的，当某些学生的不良行为干扰他人的学习时，教师必须采取措施来帮助这些学生遵守规则，这些规则是全班同学共同协商所确定的。

（四）培养学生学习目的，帮助学生树立目标

明确目标对学生的自觉性与主动性有着很大的关系。呈现课程的第一步就是设计课程，清楚地阐明讲授和学习该课程的理由。在教学之前充分考虑教学目标和学习结果，将教学计划告诉学生。具体要做到：首先，向学生阐明的目标应该是广泛的，广泛的目标能提供更大的灵活性。其次，在内容上应该是详细明确的，是学生清楚地知道学习结果将是什么，用口头的或是书面文字的方式向学生传达。在课程实施中还要不定时提醒学生这些目标。最后，可以运用提问的方法引导学生自己阐述自己的目标或结果。

四、指导学生正确的学习方法

在学习不等于会学习，有的学生事半功倍，而有的学生则事倍功半，这就是会学习与不会学习的差别。新时代要求，学会学习是新课程改革的一项重要任务。很多学生看起来每天也花费了很多时间在预习复习上，可总是不见效果，这可能就是没有掌握有效的学习方法。

（一）学会提问

中国的学生从小接受的教育就是被要求遵守纪律，课堂上要认真听讲，禁止讲话，注重学生的接受能力和掌握能力，所以无形中抑制了学生的提问积极性和主动发现问题探究知识的能力。在学习的过程中，如果学生能够学会自己主动发现问题积极提出问题，那么就能够激励学生的学习主观能动性，对学生的学习有着积极促进作用，并促使学生主动热情地投入到学习中去。

（二）学会倾听

首先，翻转课堂最重要的就是课前的教学视频，这就要求学生耐下性子认真倾听视频内容，还要进行深度思考与及时记录。遇到听不懂的地方可以暂停、重复听，甚至在短暂的休息之后接着听。其次，由于学生在翻转课堂中占据了主体地位，所以学生除了要像以前那样认真倾听教师的课堂讲解，现在还要要求善于倾听同学的提问和解答，倾听并参与同学与同学之间的交流。学生能否做到认真倾听，是影响整个教学效果的重要因素。

（三）学会协作学习

建构主义教学通常采用大量的协作学习，其理论构想是：如果学生互相讨论问题，那么他们更容易发现和理解复杂的概念。很多学生发现，与同学一起讨论课堂中的问题是很有帮助的，学生两两组合，或三四人一组，轮流概括所学知识，当一人概括时，其他人可订正出现的错误或遗漏，然后在互换角色，以此类推，直至每个学生做完这一动作。

（四）学会反思

在教学过程中，要引导学生对一些问题进行反思。比如，在自学和课堂上听过的语法当时理解、懂意思、会造句，可是到了实际应用时就没有意识用到。可以引导学生反思这是为什么，是当时没有真正理解还是因为没有语言环境造成？还可以引导学生，在一些日剧、电影里面去找类似表达方法，考虑当时为什么没有想到这种用法。通过这些引导，加深学生对问题本质的认识，有利于培养学生的观察与分析能力。

五、多元化教学评价

对学生进行评价，其重要的功能之一就是给教师提供教学有效性的反馈。如果教师不知道学生是否掌握了教学的重点，那么这些教师也不能被看作能做出有效的评价。课堂中的提问、对学生的学习进行观察，这些都能给教师提供学生的学习情况。教师必须用某种方式定期地对学生的学习情况进行测查来确定自己的教学是否有效，哪些学生需要额外的教学。学生则可以根据测验结果来检验自己的学习策略是否有效。

（一）形成性评价

形成性评价的有效性取决于所提供信息的可靠性、与正在进行的教学课程的联系程度、及时性和经常性等。具体如：（1）在单元课程结束后进行一些经常性的小测验，口头的翻译测验或简短的书面学习测验。（2）是否能与小组成员达成一致，检测是否真的有得到效果，是否有参与到小组成员的学习讨论当中去；对于教师提出的问题是否能够解答并表达出自己的观点和想法；能否准确无误地听从教师的命令，并正确地开展活动，能否将所学知识内化于心，能否做到意识和实践相结合，能否做到知行合一等。

（二）终结性评价

终结性评价是在教学单元结束后对学生的知识掌握情况进行的测验。终结性评价应该与形成性评价以及课程目标紧密相连。比如，在学期末的时候，进行统一试卷统一测验，以此来检验学生对知识内化的掌握程度。但学生的终结性评价并不是一次形成的，而是由多个形成性评价组成的。

第七章 创新视角下的日语微信教学

大数据时代已经成为新时代的标志，微信、公众号、APP 等也是我们日常生活不可分割的一部分。外语学习与时代接轨，不仅可以帮助学生打好日语基本功，还能更好地激发学生的学习兴趣和自觉性，提高学习效率。本章主要论述了微信概述、基于"互联网+"的日语学习微信公众平台构建、基于微信公众平台的《高级日语》交互式课堂教学、基于微信的混合式日语精读课程教学研究等内容。

第一节 微信概述

一、微信的概念

微信是在现代科技中诞生的一种新的即时通信工具。它是一种新媒介，体现了现代人的一种生活方式。它基于智能手机，利用网络或流量，能快速发送文字、图片、语音、视频等内容，支持单独聊和群聊的手机应用程序。2011年1月21日，腾讯公司推出了为智能终端提供免费使用的即时通讯应用程序，能在不同的操作系统和通讯运营商中使用，只需消耗极少的流量。

微信最初是提供社交服务，尤其是熟人之间的社交，在不断发展的过程中，出现了更多的新功能，为陌生人之间的交往也提供了很多的机会。如可以通过"摇一摇"认识陌生人。微信公众平台的出现使微信的传播力大大加强，它具有消息精准推送、品牌推广、产品营销、教育信息服务等个性化服务功能。人们只需关注微信公众号就能及时接收后台发送的各种消息，方便快捷。微信朋友圈是分享个人生活的空间，微信好友之间能互相点赞和评论来进行互动。通过朋友圈了解朋友的生活状态已经成为人们关心朋友的主要方式。

微信给人们的生活带来了很大的影响。它具有支付、转账的功能，使用者之间可以发红包和转账，在购物时也能通过扫二维码快速支付。微信钱包中能购物、打车、生活缴费、理财、手机充值、订演出票等。这些简单易操作的功能设计受到广大中青年群体的欢迎，成为中国人使用最多的通讯应用程序。

二、微信的特点

（一）便捷性和即时性

微信能即时通过手机发送文字、图片、语音、视频、地理位置，能即时转账资金、分享消息到朋友圈、看新闻等，方便快捷。在生活节奏快的现代社会，高效率显得尤为重要。人们过去办公、联系亲友大都借助于电话和邮件，打电话会遇到无信号或者不能及时接到的情况，发邮件也会遇到对方未能及时查看而耽误重要事情的情形，这些都给人们的工作和生活带来了不便。微信在这一点上刚好弥补了之前通信工具的不足，只要在有网络覆盖的地方就能随时随地沟通联系，也成为办公、学习和生活最常用的工具之一，给人们的生活带来了便利。

（二）互动性和沟通灵活性

微信支持发送语音、视频、图片（包括表情）和文字，支持多人群聊，能查看所在位置附近使用微信的人，支持 iPhone、Android、塞班平台的手机之间相互收发消息，手机、电脑能同时登录一个账号快速传递信息内容。它简单易操作，购物时能快速支付，在微信中可以进行各种生活缴费，深受人们的喜爱。用户年龄跨度非常大，从 5~6 岁的儿童到八九十岁的老年人。使用范围广泛，在政务、教育、医疗、商业、社保等都有涉及，还可通过公众号向广大用户推送消息，用户能在公众号的文章中互相评论交流。微信的互动性强，沟通方式也多种多样。

（三）使用成本的廉价性

与电话、短信相比，微信的成本要低出很多，只需要消耗极少的流量就能满足人们日常交流，成了人们与亲朋好友保持联系的通信工具。据统计，1M 流量可发约 1 000 条文字信息、1 000 秒语音信息、约 1 分钟视频信息。随着基础设施的完善，在办公楼、商场、学校、餐馆、医院、景区、车站、高铁等公共场合都覆盖了无线网，人们使用无线网就能满足阅读、发送各种消息，不需要流量也不需要付费。传统的电话，尤其是国内国际长途十分昂贵，直接影响人们尽情畅谈的效果。通过比较，微信的使用成本是非常低的。

三、微信的功能

（一）信息共享功能

微信的出现使信息共享更加快捷方便，简化了信息共享程序，提高共享效率。可以即时共享文字、图片、语音、多媒体文件等信息资源。朋友圈可以把自己的生活动态、人生感悟或关注热点及时发布，微信好友可以即时了解。微信平台通过有目的有计划的信息推送，把网络资源整合在一起，使得关注者可以即时共享各种信息资源，并得到权威消息。

（二）沟通建立情感

现代生活节奏快，人们工作繁忙，人们之间的交流机会减少，微信正好弥补了这一不足，给人们培养情感、增强交流提供了很好的机会。在微信群中，沟通不受时空限制，即使在不同城市的人们也可通过微信群在信息传递的基础上达到情感交流的目的。在微信群里，有共同兴趣的人，可以互加好友建立人际关系。朋友圈和微信平台发布的内容，可以使关注者在阅读的基础上，更加了解发布者的立场、观点和态度，达到与发布者情感交流与互动的效果。

（三）增强知识技能

微信群和公众号中信息发布与共享可以使关注者阅读到发布的内容，从而丰富知识。很多专业性很强的公众号，如摄影、写作、外语学习等定期更新消息，只需要关注公众号就能浏览学习相关内容，这也成为一种新的学习方式，可以更好地利用碎片化的时间。合理利用微信，能使人丰富知识、拓宽视野，学习新技能。

第二节　基于"互联网+"的日语学习微信公众平台构建

一、微信公众平台的特点

（一）时效性

随着时代的发展，手机不仅仅是随身携带的通信工具，借助移动互联网技术的应用，针对国内外大事件等，利用手机微信公众号的即时上传、即时接收等优势，可以随时随地浏览资讯消息，让学生第一时间掌握时效新闻的中日文对照翻译。

（二）丰富性

学习内容包括日语听力、口语训练、时效新闻、中日对照美文、日语阅读练习、日语等级测试等，学习方式包括文本传输、图片、文字、声音、视频等丰富的传播形式。

（三）便捷性

微信公众平台拥有多种附加功能，便捷灵活。学习者通过浏览自己喜欢的微信公众号，有的放矢，展开学习活动，为学习者的生活和学习增加了不少乐趣。

二、构建日语学习微信公共平台的目的和必要性

（一）构建日语学习微信公共平台的目的

通过互联网手段，构建微信公众号、订阅号等公众学习平台，可以有效利用信息化教学手段，创新日语的教学模式；可以有效利用智能化的学习资源，创新日语学习方式；可以充分开发利用微课资源，提高学生学习的兴趣和能力；可以接轨信息时代潮流，提高日语学习的质量；可以督促学生课堂课外学习进度，提高学生自主学习的意识。

（二）构建日语学习微信公共平台的必要性

通过互联网手段，构建微信公众号、订阅号等公众学习平台，有利于结合学校的信息化建设的先进理念和数字化的校园平台；有利于创新日语课堂结构与学习方式的改革；有利于学生更方便地了解日语知识，激发学生学习日语的兴趣，提高学习日语的能力；有利于提高日语学习质量，增强日语学习效率。

三、构建日语学习微信公共平台的可行性

微课堂就是一款基于微信平台的新型课内课外教学互动应用平台，它具有在线阅读、在线听解、在线对话、在线测试、在线答题、导出评价等功能，方便使用，操作简单，趣味性强。借助微信平台，以日语语言文化为载体，以形式多样化展现语言文化魅力，通过学生喜闻乐见的形式传播语言文化知识，拓宽学生的知识面，提升语言实际应用能力和综合文化素养。伴随着网络的全面覆盖和智能手机功能的不断完善，使得各种各样先进软件技术的应用变得方便快捷，建立微课堂这样的微信公众平台，是教与学适应现代化科技发展的必然。

四、构建日语学习微信公共平台的设计内容

（1）主要针对校园生活中所发生的事进行双语编辑成文，并对常用重要词汇进行着重讲解，为学生普及与学生相关的日常日语口语表达。

（2）推送实时热点、娱乐话题及网络流行词，进行中日双语编辑，为学生普及实时热点的日语表达，保证学生日语跟上社会潮流发展，并增加学生的词汇量。

（3）分享口碑好的日文电影、日文演讲、日语美文等，并对精彩片段编辑成文，分享精彩台词；分享经典流行日文歌曲，将优美歌词精选出来；培养学生日语兴趣，锻炼学生的听力。

（4）推送日语能力测试最新模拟试题和真题，进行日语能力在线测试等，及时掌握日语学习动态。

（5）邀请校内讲师、校外专家等在线解答学生学日语时所遇到的问题及困惑。

五、微信公众平台建设过程中的主要问题以及解决的途径

（一）微信公众平台建设过程中的主要问题

（1）公众号的推广，在微信公众号的初步建设完成后，如何吸引广大学生的关注。

（2）公众号内容素材的收集，如何做到与时俱进，如何掌握日语语言的最新流行趋势。

（3）公众号内容的推送是否符合学生的需求，比如学习兴趣点、学习难点、日语能力等情况。

（4）公众平台构建的前期准备、栏目分类、推广应用、后期维护等。

（二）微信公众平台建设过程中的主要问题的解决途径

（1）在推广初期，举办微信活动，比如对优美文章进行翻译或朗读优美日文文章，然后进行拉票的方式，给予适当奖励。

（2）联系在日本、日企、中日合资企业工作的往届毕业生以及在日本的留学生加入公众号，及时掌握市场需求的最前沿知识，和日本最流行的词汇语言等。

（3）采用问卷调查，对学生的学习兴趣点、学习难点、日语能力等情况进行调查分析。

（4）在推广应用时，注重细节，注重读者体验。即时回复读者的相关评论，与读者互动，在运营中了解读者所需，不断优化公众号的合理推送。

第三节　基于微信公众平台的《高级日语》交互式课堂教学

随着我国互联网的大提速，WiFi 覆盖面积日益扩大，智能手机的普及，智能手机与课堂教学相结合的个性化教学模式越来越受到关注。在智能手机各种运用软件中，微信拥有最大的使用群体，应当是开展微型学习、移动学习的首选。移动学习这种新型的学习形式具有跨时空性、便携性、移动性、个性化、实时性、泛在性、超媒性、交互性等特点，可以因时因需因地进行教与学活动，解决了传统的教学模式存在的课时少、互动少、测试少、投入大、监督

难等诸多难题。

一、现状分析

现有教学模式主体还是以板书教学和 PC 为终端的教学为主。它们在发挥着各自优势的同时也存在一些不足之处。这些不足之处导致了现有的教学手段在使用过程中的局限性。板书教学有其优势，如：突出教学重点和难点；板书内容能够始终留在黑板上，直到下课；根据课堂实际，动态、即时更新；为课堂小结打下基础。但也存在不足，如：教学过程单调、内容枯燥、被动接受知识。PC 终端教学主要有 PC 终端的多媒体教学、网络教学资源库和网络课程教学。它们也有各自的优缺点。PC 终端的多媒体教学的优势为：具有方便、快捷、高效；图文并茂、直观形象、生动活泼的特点，使枯燥乏味的内容形象化、具体化。但是，在多媒体教室上课，很容易受到教学环境和设备的影响，如：光线变暗、教学进度快，这不仅容易产生昏昏欲睡的感觉，而且导致学生无法笔记。近年来，网络教学资源库在教学中的重要地位备受各类高校关注。它可以将教学资源通过网络形式方便地呈现给每一个参与"教"与"学"的主体，极大程度上综合了教学资源，提高了教学效率。但也存在一些不足之处，如：教学利用率不高；网站模块切换不灵活，不方便学生展开自我学习；缺乏评价体系，质量难以保证①。网络课程教学规模大，不是个人发布的一两门课程；对象广，由于是开放的网络课程，任何有网络的地方都可以学习；技术新，采用高清视频技术，学习体验效果更好；师资强，有国际影响力的教授加盟。但是，网络课程教学形式在发挥自身优势的同时，不可避免地存在一些缺陷，如：缺乏正确的引导和有效的监督；不但需要专业制作团队进行庞大的课程制作和管理，还需要有国际影响力的教授加盟。长期巨额的投入容易造成无法持续开展；缺乏个性化的设计，不能很好地适应学生实际需求。

为了突破传统教学模式的局限性，我们考虑到移动终端教学。如今，智能手机的使用已经极为普及，其中微信拥有最大的使用群体，应当是开展微型学习、移动学习的首选。如果将微信作为载体，设计一款具有综合性功能的教学平台，使之成为教与学的媒介，这样便能更好地促进交互式教学，实现教学一体化。

微信公众号教学平台的优势主要表现在三个方面：

首先，具有综合性功能。目前部分高校已将微信投入课堂应用实践，但从实际应用情况来看，其主要功能仍旧比较局限，主要是微信群的学习交流和微

---

① 焦连志. 微信媒介新技术在思想政治理论课教学中的应用［J］. 现代教育科学，2019（09）.

信公众号的简单信息推送以及下载，还不具备开展交互式教学的多元化功能。本教学平台设计了请假、签到、查询、聊天、测试、评教、统计、查分等多元化综合性功能，操作也很便捷，模块切换灵活，只需点击导航菜单便可进入学习。本教学平台能为交互式教学的开展提供强有力的支撑。

其次，不需要资金投入。目前虽有很多手机学习软件，但它们是由专门团队研发，若要使用则需大量的资金投入。本教学平台只要任课教师掌握公众号的推送技巧便可自主设计，且所利用的微信公众号及第三方在线平台都是免费平台，不需要任何的资金投入。

此外，更具灵活性和实用性。一般所使用的手机学习软件的功能是面向所有学科共同研发的。然而，不同的课程对教学的需求是不同的，即使是同一门课程，不同班级，学生对教学的需求也是不同的。利用本教学平台制作原理，任课教师可以根据自己的课程特点、学生需求来设置平台功能，其功能的设置将更加符合教学实际需要。而且，平台功能还可以根据实际应用情况以及先进的第三方在线平台的推出，即时调整，能做到与时俱进。

二、微信公众号教学平台的构建与实践教学

（一）平台构建研究

设计原理：微信公众号本身只具有强大的推送功能，并不具备其他功能。我们采用的方法是将第三方在线平台链接到公众号，再通过微信公众号将其推送出来，只要点击微信公众平台的功能菜单，就会立即跳转到第三方在线平台①。微信公众教学平台所使用到的第三方在线平台有：百度云盘、易查分、沪江日语、248 签到平台等。平台功能可以根据实际应用情况随时进行调整，做到与时俱进，而且所利用的第三方在线平台都是免费平台，因此不需要资金的投入。

（二）功能菜单

主菜单上设计了教学内容、教学监测、成绩查询。在教学内容的子菜单上有课程资料和课外视听说。课程资料又包含了与课程同步的 PPT 课件、课文翻译以及课后练习答案的资料库。课外视听说又分为课外读物、日语趣配音、日语听力酷三个子菜单。教学监测分为随堂评教和随堂测试两个子菜单。成绩

---

① 吴少林.基于微信公众平台的护理专业教学资源库的建设与应用［J］.教育现代化，2019（73）.

查询分为学校各类测试成绩查询和日语国际能力考试成绩查询两个子菜单。此外，还具有微信扫描二维码课堂点名功能以及请假和批复功能。

（三）教学功能

通过平台虚拟化学习环境的构建来扩大教与学的空间；高度集中教学资源的学习资料库为学生们自主学习提供便捷性；群聊功能为学生们提供了讨论、咨询的便捷性，同时教师也可以即时获取学生们在学习过程中遇到的难点、困难等信息，根据"学"的情况在教学内容上有的放矢地做出调整，提高教学效果；即时推送功能将思考问题及各种资料适时地导给学生，逐步引导他们进入自主探索轨道；随堂测试和评教功能加强了对"教"与"学"的有效监控。微信公众号教学平台是链接"教与学"的纽带，一方面使"教与学"产生良性交互和互补效果，真正提高交互式教学效果，另一方面让课外的线上自习成为课内教学的基础，课内的线上测试成为线下课堂教学的巩固。这种课内课外有机结合、线上线下教学无缝对接，使学习形成连贯性，真正实现教学一体化①。

1. 提高学生"学"的能力

任课教师根据课程内容、学生所需上传教学资料，避免了学生寻找学习资料的盲目性，实现学习资源组织的最优化；平台建设遵循混合学习理论，使学习资源利用最大化；一对一或是一对多的沟通形式，以及具有亲和力的语音对讲功能，拉近了师生之间的距离，增加了学习的趣味性，避免了自学的孤独感，增强了学习信心，使学习积极性最大化；只要有网络覆盖的地方，可以随时随地进行资料浏览，也可即时地进行沟通或请教，使学习时效性最优化。

2. 提高教师"教"的效果

教师将课件等教学资料上传平台，节省了课堂上的板书时间，有效地解决板书教学中学生笔记难等诸多问题；同时，适时地将一些需要思考的问题以图片、文字或视频的形式推送给学生，可以循序渐进地将学生们导入学习的轨道；通过在微信学习交流群上的沟通交流，老师可以及时地了解每位学生的学习状况以及困难和难点，从而对症下药，使教学真正做到因人而异，因材施教；随堂测试和随堂评教之后，系统会自动生成数据。教师根据所获得检测数据，一方面，对于掌握情况不佳的知识点进一步地讲解，同时也极大地减轻了教师批阅试卷的劳动强度。另一方面，更加真实地了解教学过程中尚需改进或改变的地方，从而提高学生的接受度和教学质量。

---

① 吴贞金. 基于微信的移动学习模式在成人教育中的应用［J］. 中国农村教育，2019（25）.

3. 实现"教与学"有效监控

如何将教学质量监控体系有效运用到教学活动中并转化为师生的自觉行为，这一直是个难点。随堂测试功能实现了教师在课堂上就能迅速了解学生们的知识点的掌握情况，进而有的放矢地复习和巩固；评教功能实现了学生对教师教学的实时监督。教师根据学生的反馈信息，及时调整教学内容和方法。通过平台随堂测试和评教等方式，弥补了测试少以及微观教学质量评估的不足，实现对"教"与"学"两大环节的有效监控和质量提升。

三、实际应用研究

(一) 课前运用

可用于请假批复，点击微信公众号主页的【自动智能查询】，输入姓名和请假事由。任课教师在微信公众号后台的"消息管理"处便能接收到信息并予以批复；可用于自习，点击微信公众号主页的【教学内容】，会出现与课程同步的导航菜单，根据菜单选择所需的学习资料；可用于课前引导，教师可通过微信公众号就某个重点问题以图片、文字或视频的方式推送给学生，引导学生思考。此外，在每一篇课文资料阅读之前，平台还设有与课程内容相关的视频作为学习导入；可用于学习交流，在预习过程中遇到困难，除了文字还可使用语音对讲功能，相比文字，语音对讲功能更具亲和力，可以增进师生之间的情感交互，调动学生参与学习的积极性，也增加了学习的时效性。

(二) 课堂运用

可用于考勤管理，学生使用智能手机扫描指定的二维码，便可快速完成签到流程，教师通过手机 APP 里可实时统计学生签到信息和还未来签到人员的名单，实现签到信息一键导出；可用于课堂教学，在课堂教学中引入微信公众教学平台，可以解决板书教学和 PC 终端教学中的诸多问题，如：解决教室光线暗、视频模糊、音响不清晰或是因教学内容多进度快而导致的笔记困难等；可用于随堂测试，在讲解完知识点之后，留下 10 分钟时间做随堂测试。点开功能菜单【随堂测试】便可收到教师发布的测试题进行答题。一般为 15 道选择题，学生作答完毕，提交之后，后台会自动统计出结果，教师可以根据测试结果对学生的薄弱环节进行加强和巩固；可用于随堂评教，学生通过功能菜单【随堂评教】可参与评教活动。为了提高教学效果，每隔一段时间，可以进行一次评教。教师从教学反馈信息中找出问题，做出判断，修正教学内容和方法。

（三）课后运用

课后运用可用于作业布置，通过微信公众平台布置电子作业，要求在规定的时间内提交，以便教师查看答题结果，根据错误率来设计下次课程的复习内容；还可用于成绩查询。由于开启验证个人密钥功能，学生通过功能菜单【测试成绩】只需输入学号、姓名和个人密钥便可查看各自的考试成绩和名次；还可以通过功能菜单【日语能力考试成绩】查询日语国际能力考试成绩，只要官方成绩一出来，学生马上能进入查分通道进行成绩查询；可用于问题咨询，学生通过微信留言或语音聊天，把课堂上不明白的问题和教学意见反馈给教师，教师根据学生提出的问题给予一对一或是一对多的指导；可用于课外阅读，通过功能菜单【课外读物】可以下载自己感兴趣的课外学习资料；可用于配音和听力训练，通过功能菜单【趣配音】可以进行配音训练，通过功能菜单【听力酷】可以进行听力练习。

（四）应用效果调查研究

将日语专业同届的两个平行班分设对照班级和实验班级。跨越两个学期，对平行班的《高级日语》课程共进行二轮教学实践。对照班级采用的是传统教学模式，实验班级采用基于微信公众平台的交互式新教学模式。每个学期课程结束后，采集期末考试成绩等数据，对所数据特征、关系、变化进行定性定量的统计和分析，得出了严谨客观的最终结论。

进入《高级日语》课程之前，《基础日语》课程的成绩：2018 学年的第一个学期和第二个学期的期末平均成绩，20160253 班分别为 76.6 和 77.6；20162534 班分别为 71.6 和 73.6；20162535 班分别为 78.3 和 72.9。从日语基础上看，20160253 班最好，20162534 班最差。从成绩上看，20160253 班和 20162534 班的成绩比较稳定且第二个学期的成绩都高于第一个学期，而 20162535 班的成绩下降非常严重。

第一轮教学实践实施于 2019 学年的第一个学期，20162534 班和 20162535 班作为实验班，成绩最为优异的 20160253 班作为对照班，通过一个学期的教学实践，20162534 班和 20162535 班的期末班级平均成绩分别是 75.7 和 79.8，而 20160253 班是 73.5。两个实验班的成绩不但有了明显的提高，还超过了对照班。

第二轮教学实践实施于 2019 学年的第二个学期，20162534 班为实验班级，20162535 班为对照班级。通过一个学期的教学实践，20162534 班和 20162535 班的期末班级平均成绩分别是 77.8 和 76，可以清楚地看到 20162534

班的进步。

自从接受新的教学模式以来的两个学期，20162534 班的学习成绩一直都在进步，由基础最弱的班级变成成绩最好的班级；20162535 班在接受新的教学模式期间，也能看见它的巨大进步，但是回归传统教学之后，成绩有所退步①。从学生们的成绩以及学生们的反馈可见，微信公众号教学平台作为一个创新教学平台，对提高学生成绩是行之有效的教学模式。

以微信公众号为辅助的交互式教学模式，实现了多元互动，对提高学习者的自主学习的能力，全面把握学习者的学习情况；对实现人人可学、处处可学、时时可学的学习愿景；对加强教学监督，促进教育公平也有积极的意义。当然，这种教学方式也存在一些问题，如无法实施对课堂手机使用的有效监控，无法保证软件运行流畅等问题，但相信未来的教学管理方法的改进以及智能手机技术的发展，针对教学的优化将会越来越贴近学生学习。

第四节　基于微信的混合式日语精读课程教学研究

随着信息技术的蓬勃发展，课堂教学与信息技术相结合的混合式学习，日益受到高校教育领域的广泛关注。混合式学习就是把传统学习方式的优势和网络化学习的优势结合起来，既要发挥教师主导作用，又要体现学生主体的主动性、积极性与创造性，将二者优势互补，才能获得最佳的学习效果。

微信主要功能包括通信、社交功能和平台化功能。微信的语音对讲和语音留言功能非常有利于外语的互动学习。微信公众平台一对多传播，可直接将文本、图片、音频、视频推送到手机终端。便利的互动性是其区别于其他网络媒介的优势所在。就目前少数高校的使用情况来看，尤其是外语等语言类实训课程更适合于使用微信开展。

基于微信的混合式学习研究，目前国内外已经有了一定的理论研究和实践研究的成果。在理论层面上，研究者从微信的特征、功能优点、教学模式等方面进行了理论和实践的探索，应用现状方面研究者论述了微信在教育领域所具有的巨大的应用潜力。王萍通过研究微信的移动学习支持功能，提出了教学实

---

① 曾纪刚，黄敏. 浅析微信及微信公共平台在师生教学交互中的应用 [J]. 求知导刊，2016 (09).

践中应遵循的设计原则①。姜红梅认为以学生为中心的微信平台教学能有效发挥学生主观能动性，促进二语习得的形成。在实证研究中，袁磊等以"摄影基本技术"课程为例，分析了微信的教育功能，构建了微信支持下的混合式学习模式，证明微信支持下的混合式学习能够有效地促进学生的学习。柴阳丽的实证研究发现，基于微信的日语听说能力训练能大大增加学生张口说外语的机会。② 这些研究为基于微信的教学提供了理论依据和应用研究的参考，成功的案例也表明移动互联网环境支持下的微信辅助教学可以有效促进学习者的学习动机、自主知识建构和提高学习效果。

一、基于微信的混合式学习模式设计与实施

（一）可行性分析

可行性分析是对基础日语精读教学中引入微信混合式学习的前端分析，包括课程学习目标分析、学习者特征分析、实施"微信课堂"的可行性分析。

1. 课程学习目标

基础日语精读课程是理论与实践并重的专业基础主干课，旨在帮助学生获得中级水平的日语综合能力，并为今后的高级日语奠定基础。教师主导学生主体的混合式学习模式为各层次、个别化的语言输入与输出训练提供了可能。

2. 学习者特征

学习者是日语专业二年级学生，他们具备独立思考、独立完成学习任务的能力，并需要一个课后交流的外语学习通道。QQ、微信已经成为大学生们的一种生活方式和学习方式。传统而单一的课堂教学模式已经不能适应学生们多元学习需求。

3. "微信课堂"的可行性分析

这主要针对被试对象的智能手机拥有率、微信的使用习惯及对"微信课堂"的实施所持的态度等情况，我们进行了深度访谈和问卷调查。经访谈调查发现，被试对象的智能手机拥有率为100%，校园无线网覆盖整个校区，大部分学生经常通过智能手机上网。被试的26人都开通了微信，大部分学生利用微信主要进行聊天、浏览公众号和娱乐活动。为了确保"微信课堂"的有效进行，我们倡议建立了微信班级群，开展"微信课堂"的互动协作学习。同时要求大家订阅教师的微信公众号，以便接收教师推送的学习资料。针对学

---

① 王萍. 微信移动学习的支持功能与设计原则分析 [J]. 远程教育杂志，2013（06）.

② 袁磊，陈晓慧，张艳丽. 微信支持下的混合式学习研究 [J]. 中国电化教育，2012（07）.

生们的接受态度，我们进行了问卷调查，"非常赞成"的有 5 人，持"赞成"态度的人有 21 人，两项占 81%，说明学生们对于开设课外"微信课堂"还是非常支持的，大多数人愿意接受并非常期待这一新的学习模式。

（二）"微信课堂" +课堂教学的混合式学习模式设计和实施

活动和资源设计的实质，就是将特定课程的教学内容和目标逐步分解为具体的工作和任务并确定其序列顺序[①]。我们将混合式学习过程分为四个环节进行，即课前词汇语法的自主学习输入、教师主导的课堂讲授、课后答疑以及学习资料的提供。第一环节中，教师通过微信公众号上传文本资料和音频微课件，学生依据资料自主完成课前输入后在指定的时间内上线"微信课堂"。将词汇语法部分分配到自学阶段，面对面学习的宝贵时间就可以节省出来用于主导式讲解和互动交流[②]。

1. 课前输入

词汇和语法的学习可以通过学习者的自主学习进行输入。建构主义学习观充分强调学习的主动性，强调学习者以原有知识经验为基础所进行的意义建构。传统课堂中原本全由教师灌输讲解的词汇语法部分在混合式学习模式下由学生自己来完成，意味着学生进入新课前的一种意义建构。进入新课前，教师通过微信公众号发布重点、阅读资料、教学音频等。学生在规定的时间段上线"微信课堂"。在线学生用语音留言读出准备好的单词和句子，教师逐条收听学生的语音留言并进行纠正和解释。学生们根据自己的节奏推进，还可以同时与教师进行一对一的私聊，询问不便于在大家面前提问的问题。学习不受场地、时间的限制，甚至远在日本交换留学的学生也可以上线"微信课堂"与班上同学进行互动。

2. 课堂学习

以《综合日语教程》第四册为例。在第一环节的基础上，课堂上教师重点讲解会话文交际规则。学生们以小组合作的形式进行情境再现练习，以便掌握不同场合中的得体表达，训练跨文化交际能力。阅读文部分重点讲解文章结构、逻辑条理、社会文化日语表达习惯等内容。在教师完成了方向性引导后，学生主体的专题演示说明、交流互动也相继在课堂内展开。例如第四课阅读文"车厢内化妆的女性"是一篇逻辑性很强的议论文，学习目标要求学生能够读

---

① 黄荣怀. 基于混合式学习的课程设计理论［J］. 电化教育研究，2009（01）

② ［德］丽贝卡·劳纳. 康文霞译. 混合式学习获得成功的重要因素：五种假设［J］. 现代远程教育研究，2011（01）.

懂他人的论点阐述并能够条理清晰地表达自己的观点。该文中的语法除了重点句型"～かのようだ"「好像、似乎」、"～させられる"「使役被动，表示自发感觉」、"～わけだ"「表示推论结果」以外，还需要掌握关系到上下文逻辑关系的接续词。教师讲解接续词后，要求学生写一段逻辑严密的短文表达自己对一个社会问题的看法，要求必须使用"～のだろうか"「难道……」、"確かに"「的确」、"しかし"「但是」，然后在课堂发言并展开讨论。学生们依次阐述观点并展开在讨论，教师进行纠错分析、解释。没有这样的课堂实践，很多看似简单的知识点可能只会停留在读懂原文的水平上，而无法达到理解、掌握、会用的程度。实践演练适合在面对面的课堂中进行，这也是课堂学习最大的优势，其作用是"微信课堂"无法替代的。

3. 课后提升巩固与答疑

这个环节主要是教师在"微信课堂"答疑解惑，帮助学生完成学习迁移。课堂中未能理解的，或者羞于在众人面前提问的内容可以通过微信私聊的方式向老师提问。这个环节的"微信课堂"学习时间不固定。教师针对每个学生不同的性格、学习习惯等特点在私聊中给予建议和指导，帮助学生解决难点问题。师生私聊中的交流与评价更显对个体的尊重。

4. 来源于微信公众号的学习资源

为了增加学生们的阅读量，提高阅读理解能力，在微信公众号上推送有关日本社会文化的文章，并不定期在"微信课堂"上进行讨论，以便加深对语法知识点和日本文化的理解。这个环节的评价多依赖于学生自评。为保证学习的有效性，在整个学习过程中，教师的监督与指导贯穿始终，充分体现了微信支持下混合式学习的"教师主导—学生主体"的教学结构。

二、效果分析与评价

此次实践研究的被试为日语专业学生，2013 级 14 人与 2014 级 12 人，两个班被试人数共计 26 人，实践研究先后开展于 2015 年 3 月至 7 月、9 月—2016 年 1 月的两个学期。由于调查问卷数量受到日语专业小班制人数少的限制，此次研究采用深度访谈、过程跟踪观察和问卷调查相结合的形式进行。对于学习效果的调查，我们就微信使用习惯、实施"微信课堂"后的学习效果两个问题进行了调查问卷的发放，26 份问卷发送到每位学生的邮箱并全部收回，有效率 100%。

（一）微信使用习惯调查分析

在"微信课堂"开设前，学生们利用微信主要用于社交、浏览和娱乐，

"微信课堂"开设后，通过访谈得知学生们微信使用情况发生了变化。除了进行社交、浏览公众号外，师生交流、学习新知识、参与讨论学习内容、分享学习内容和学习经验也占据了很高的比例，其中师生交流超过了 20 人，比例达到 81%。这说明学生们非常乐于接受"微信课堂"的学习模式并愿意与教师有深度交流；其次，可以看出学生们学习新知识的积极性很高，达到了 73%，有 12 人愿意通过"微信课堂"与同学分享学习内容和学习经验，占到总人数的弱一半，19 人使用微信与同学聊天，说明微信作为社交工具的作用是不能忽视的。值得注意的是，课前预习的人数只有 6 名，只占总人数的 23.5%。这说明学习主动性非常欠缺，依然对被动输入存在着依赖性。

（二）"微信课堂"实施后的学习效果

针对"微信课堂"是否有利于学习效果的改善，我们设计了 5 个问题，每个问题采用五级量表统计方式，分别为"完全符合""比较符合""一般""比较不符合""完全不符合"。

"微信课堂"的教学实践活动中，效果比较明显的是加强师生交流，有超过半数学生认为"完全符合"，8 名学生认为"比较符合"。这与"微信课堂"实施后学生使用微信习惯变化的调查结果相吻合。其次是有利于纠正发音，有12 名学生认为"完全符合"，11 名学生认为"比较符合"。这说明微信的语音功能非常有利于外语的口语训练学习，且纠正、指导发音练习的效果比较明显。再其次是加深对语言知识点的理解，有 17 名学生认为"比较符合"，说明"微信课堂"的课前输入与课后知识巩固及辅导答疑对于学生语言知识点的巩固是比较有作用的。

另外，在提高阅读能力方面，有 1 名学生认为"完全符合"、12 名学生认为"比较符合"、有 10 名学生认为"一般"、2 名学生认为"比较不符合"。由此可以看出学生学习效果的显著差异。阅读能力是学生语言综合能力的体现，其中存在着很大的个体差异。同样，语言表达能力的改善方面也存在着明显的差异。语言表达能力和阅读能力的培养与提高是一个长期积累的过程，与学生的学习经验及学习主动性等因素有着密切的关系。

（三）成绩变化

就"混合式学习模式实施后成绩是否得到了提高"这一问题，我们进行了跟踪观察和访谈调查，我们发现有五名学生的成绩变化尤为突出。S 学生在"微信课堂"实施之前的成绩是班里的倒数几名，成绩总在 65~70 分徘徊。但她非常喜欢通过微信上课，并与老师进行交流，私聊中她的问题是最多的。积极发言、认真完成预习、课后阅读等任务，半学期后成绩一跃为全班第二。且口语能力提高得非常快，成功申请到赴日交换留学。R 学生之前口语非常差，在教师的鼓励下微信课上积极发言，不怕出错，私聊的问题也特别多，一年之后不但笔试成绩提高到优秀水平，口语的进步更是惊人，并且勇敢报名参加了演讲赛。另外 L 学生、T 学生、Z 学生情况相似，之前成绩优秀，因为害怕出错而不敢发言。在同学影响下，这三名学生也变得积极起来，由于学习主动性高，预习任务完成得好，他们的成绩一直保持在优秀水平，口语表达能力的进步是最明显的，并成功申请到赴日交换留学。只有 J 学生，成绩一直没有提升，口语较差，微信课上从不发言，只是"默默地听别人说"。

（四）教学评价的效果

在"微信课堂"的教学实践中，科学而又客观的评价是非常重要的，评价不仅仅是打分，它也是教师促进学习的最有效工具。反思以往重考试轻过程的评价方式，我们采取了形成性评价和终结性评价。形成性评价是对教学过程和学习活动过程的评价，包括内容质疑、互动频率、积极性等；终结性评价是学习活动结束后的总评，主要依据学生的考试。"微信课堂"实践过程中的形成性评价可以更加客观地把握学生的学习改善，同时对平时学习也起到了督促作用。

三、"微信课堂"学习效果的影响因素

针对影响"微信课堂"教学效果的因素，我们也进行了问卷调查和深度访谈。在问卷中设置的选项有网络连接不畅、微信课堂实践不合理、受场所限制、与自己的计划冲突、欠缺学习自主性、课业多无法分身等，个别学生还提出了非面对面上课无法集中注意力、不适应网络学习形式、手机功能不好等因素。

影响"微信课堂"教学效果最大的因素是欠缺学习自主性，占到总人数的 61.5%，这与访谈调查的情况一致，一半以上学生认为自己对教师课堂讲解比较依赖，习惯了被动接受，这直接影响教与学效果的改善，不利于学生自主知识建构。其次，有 46% 的学生认为网络连接影响微信上课。网络连接问题主要有网络不畅、手机故障等情况。再次，38% 的人认为是受场所限制。集体宿舍嘈杂、定时熄灯等因素，客观上影响了学习效果。另外，大约三分之一的人认为"微信课堂"的时间与自己的计划安排产生冲突。针对"微信课堂"设置不合理的问题，我们进行了访谈调查，得知这主要指"微信课堂"时间的安排不尽完善，校内活动较多、各科作业无法完成等都会影响参与的积极

性。而"非面对面上课注意力无法集中""不适应网络学习形式"的人各有一名，比例分别为 3.8%，这说明绝大多数学生的学习习惯在发生着改变，越来越多的学生通过网络进行移动学习。

实践证明，基于微信的混合式学习模式，较好地弥补了课时少而带来的一系列问题，在促进学生知识建构、学习主体意识方面凸显出优势。同时，充分体现了"教师主导—学生主体"的新的教学结构，拉近了师生之间的情感距离。其现实意义体现在以下几个方面：（1）为学生提供了课程学习多方面的灵活性；（2）满足学生不同层次的个别化学习需求；（3）使传统的以教师为中心的课堂教学结构发生根本性变革；（4）培养学生分析和解决问题的能力以及交流合作的能力。

但是微信也存在着目前无法克服的缺点，比如，语音输入时间被限定在一分钟之内，这就使得一整段语音被分割成无数个"微语音条"，影响学生的听力理解。其次，微信辅助教学互不见面，教师无法实施现场监督，对教师组织引导能力以及过程掌控能力有较高的要求，从而加大了教师的工作量。再者，"微信课堂"的学习非常依赖学生的自主性和自我控制力。

基于微信的混合式学习，课程教学达到了预期的学习目标，但在实施的过程中仍然存在学生欠缺学习自主性、口语能力提高明显而阅读能力参差不齐、网络连接故障等问题。针对这些问题，可以考虑以下对策：（1）对于学生欠缺学习自主性的问题，教师可以调整评价方式，将"微信课堂"的表现以过程评价的方式按更多的比例纳入最终成绩；（2）对于阅读能力参差不齐的问题，可以考虑增加课余阅读量，分为必读类与选读类，并要求提交阅读作业，适时反馈、评价；（3）关于网络连接不畅的问题，可以灵活掌握网络顺畅的时间段，合理安排"微信课堂"的时间。

第八章　教师与学生的创新性培养

在现代信息技术时代，创新是一种重要的发展因素，在日语教学中，教师和学生都应该不断创新，本章首先分析了创新性培养的相关基础知识，接着分析了学生的创新性培养，最后分析了教师的创新性培养。

第一节　创新性培养概述

一、创新性培养的重点——创新与创造性

在当今社会，创新和创造性都受到人们的广泛关注。但是有很多人对这两个概念的差异性没有给予足够的重视，他们经常把这两个概念等同起来。事实上，创新和创造性是两个不同的概念，它们之间既有联系又有区别。创新是一个有着广泛外延的概念，人们从不同的角度去认识它会有不同的理解。从政治、社会、组织的角度或者从创新对社会影响的角度而言，创新是一个民族的灵魂，是国家兴旺发达的不竭动力。从培养创新人才这个角度来说，创新主要是指一种突破传统、超越前人的意识和挑战权威、勇于批判的精神。而创造性主要是指在创新意识和创新精神基础上形成的一种非凡的能力和辉煌的成果。所以这里将从教育的角度以及培养人才的角度来系统阐述创新和创造性的基本特征以及它们之间的联系和区别。

（一）创新的基本特征

"创新"一词首先是指一种精神、一种意识、一种勇气和胆略，然后它才是指新事物或新成果。这种"新事物"到底有多少价值？影响面到底有多广？到底在什么范围内算新事物？对此人们没有什么特别的要求，只要它有一定的价值，在一定的范围、一定的阶段内能对某一方面或某些方面产生一定的影

响，我们就可以把产生这种新事物的过程叫作创新，创新的基本特征包括以下四个方面。

1. 独特性

所谓独特性是指思想、方法、观念、工艺、产品等与众不同。如果与大多数人一样没有特色，那就不叫创新而叫作模仿。目前，有些人写论文抄袭他人的作品，这些都完全背离了创新的宗旨。

2. 局域性

仅有独特性还不能称其为创新。例如，一个正常人不用脚走路非要用手走路，他的行为虽然也很独特，但这不是创新而是怪异，创新还应该具有局域性。局域性包含三层含义：一是指思想观念或产品设计的局部正确，在一定的范围内被多数人认可；二是指方法或产品的局部改进。例如，中国人在固定式伽马刀的基础上发明了旋转式伽马刀，就是一种创新；三是局部适用，即某一理论或产品在一定范围内得到较为广泛的应用。

3. 阶段性

阶段性指某种方法或产品只在一段时间内适用，过一段时间可能就被更好的东西所取代。例如电脑操作系统的不断升级和更新换代就是典型的例子，每一次换代都是一次创新。从哲学的角度讲，它是全局上的量变，局部范围的质变。

4. 较大的影响性

创新思维、创新产品必须对大多数人产生影响，使许多人能够从中受益，否则就只能算是经验总结、较小幅度的改革不能算作创新。影响力的大小是区别一种理论或产品是属于低层次创新，中层次创新还是高层次创新的决定性因素。我们可以用八个字概括创新的基本特征："独特新颖，影响较广"。

一般地说，由创新而产生的新事物不一定需要前所未有，只需要在一定的范围内一属于新事物即可。它也不一定需要震撼全球，而只需要在一定的范围内有一定的影响力即可。创新与不创新主要是勇气问题，而创造却不仅仅需要勇气，还需要丰富的知识师的与经验，需要敏锐的洞察力和极强的分析、判断、综合运用能力，更需要适当的环境和机遇。例如，蒸汽机、发电机、电脑的发明就是三次革命性的创造。从哲学上讲，它不是局部的质变而是全局上的、根本性的质变，是革命性的飞跃。而电脑（视窗）操作系统的升级换代，那就只能算是一次创新而不能算是创造，因为它只是全局上的量变或局部的质变，而不是根本性的质变。它算不上前所未有，只是在原有的基础上做进一步的改进，因此它不属于创造。

（二）创造性的基本特征

1. 首创性

创造就是做出前所未有的发现或发明，因此，它具有首创性。也就是说，在世界范围内，单独的个体（或一个研究小组）最早做出这样的发现。和"创新"相比，"创造性"的要求要高得多。创新只要求独特新颖，并不要求前无古人、闻所未闻，而创造性却必须具备这一条。例如爱因斯坦的相对论，中国首次人工合成牛胰岛素就具有这一特征，因此这些可以称得上是真正的创造性发现。

2. 普遍性（全局性）

创造性理论或产品绝不是局部改进、局部正确、局部适用，而是根本性的质变，它是一种大飞跃、大突破，是普遍正确且广泛适用的。当然，这里所说的普遍性也是相对的，不是绝对的。例如相对论和量子力学，它在所有的国家以及所有的自然科学领域都适用，因此是真正的创造性理论。

3. 长久性

与创新不同，凡是称得上创造性的东西不仅要求在很宽的范围，而且要求在相当长的时间内都有适用价值。因为一方面，能够称得上创造性的事物必定经历了无数次实践的检验，不容易很快改变；另一方面，作为根本性质变的创造性事物在经历下一次质变之前必须经历量变和部分质变阶段，这需要较长的时间。事实上，相当一部分创造性事物具有永恒的魅力。如牛顿力学、欧几里得平面几何。即使后来有了相对论，有了非欧几何，只要在适当的范围内，它们仍然是正确的。至于创造性产品，其寿命当然不会无限长。尤其是在科技突飞猛进的时代，新产品层出不穷，因此其寿命是有限的。但是比起一般的创新产品来，其寿命仍然要长得多。毕竟，影响全人类和社会发展进程的创造性产品不是那么容易研发来的。

（三）创新和创造性的区别和联系

1. 创新和创造性的区别

创新的本质是一种精神、一种意识。其核心是批判精神、质疑精神、敢于向权威挑战、敢于打破旧框架的勇气和胆略。由此而引发的新思想或新产品是这种精神的必然产物。有了这种精神，加上扎实苦干，新事物自然层出不穷。创造性的本质是一种辉煌的成果（包括前所未有的新理论和新方法、影响全人类生活方式的新产品、震撼心灵的艺术作品等），一种特殊的品质（非凡的胆略和勇气、非凡的想象力、观察力、洞察力、判断力、制造能力等）。

2. 创新和创造性的联系

创造性的核心是创新意识和创新精神，只有具备创新意识和创新精神的人才有可能做出创造性成果；没有创新意识和创新精神的人是不可能做出创造性成果的。所以，创新是创造的一种基础，而创造是创新的一种拓展和发扬。但是从本质进行分析，两者都属于一种产生新事物、新思想、新观念、新方法的范畴；两者都强调产生一种本来没有或者是与原来的事物有所不同的新鲜事物；两者都需要产生一种对我们的工作和生活，甚至是人类社会的进步有帮助、有价值的东西。所以，无论是创新性的培养还是创造性的培养，对于我们教师自身和学生的教育都是有很重要的作用的。只是两者的侧重点有所不同，一个是重精神，一个是重天赋。不过两者最终的目的都是培养出对社会有用的、能创造出巨大社会价值的人才。

二、创新性培养的关键因素——教育创新

教育创新是时代的要求，是人类社会发展进步的要求，也是新世纪我国实施科教兴国战略，推进中华民族伟大复兴的要求。教育是民族进步的基石，创新是民族进步的灵魂，特别是在当今时代，随着知识经济的到来，科技与人才的竞争和挑战日益激烈。在以科学技术的迅猛发展为主导的综合国力竞争中，教育的地位和基础性、全局性、战略性作用日益突出。时代的发展、社会的变革与进步对现代教育的要求与日俱增，对教育事业改革的要求也日益强烈。因此，我们必须适应时代发展与社会变革和进步的要求，破除因循守旧的教育观念，树立更为先进的教育思想、教育理念，具有国际的视野，指导新的教育改革的实践。我国必须在很多领域进行大胆的探索和创新，如探索和创新现代教育发展的规律、现代教育的管理体制与运行机制，现代教育同社会变革的关系、现代教育的人才培养模式与质量保障、现代教育的学科建设与资源配置、现代教育的师资队伍建设与评价体系、现代教育的方式与方法、手段、现代教育对各级管理者素质要求等层面。

（一）教育创新的内涵

第一，教育创新要坚持和发展适应国家和社会发展要求的教育思想，确立与21世纪我国经济和社会发展需要相适应的新的教育观和人才观；第二，教育创新的关键是通过深化改革，不断健全和完善与社会主义现代化建设要求相适应的教育体制；第三，教育创新的根本目的是要推进素质教育，全面提高教育质量；第四，教育创新必须充分利用现代科学技术手段，大力提高教育的现代化水平；第五，教育创新必须面向现代化、面向世界、面向未来，加大教育

对外开放的力度。这五个方面不仅是对教育创新内涵的精辟概括，更为教育创新确立了理论的指导。

而从创新是一个民族的灵魂、一个国家兴旺发达的不竭动力来看，教育创新的内涵必然包含三个方面的基本规定：第一，教育创新同理论创新、制度创新、科技创新一样，构成国家整体的创新体系，教育创新和理论创新、制度创新以及科技创新一样，都是非常重要的；第二，教育创新是基础性的创新，是国家整个创新体系的基石。教育创新最重要的就是着力于民族创新精神和创造性人才的培养，人才是其他所有方面创新工作的关键。教育创新的结果也将为其他方面创新工作提供原始的和源头性的知识支持、科技支撑和精神动力；第三，教育创新内在地蕴涵着理论创新、制度创新和科技创新的基本规定和要求。这就是说，人们要把握好和处理好教育创新同理论创新、制度创新和科技创新的辩证关系。

教育创新首先就是教育观念和教育思想的创新，也就是说，理论创新是教育创新的先导。有了邓小平同志关于"科学技术是第一生产力"的理论创新，我们才可能从实现社会主义根本任务的历史高度，深刻理解把教育摆在优先发展的战略地位的重要意义，也才可能引发改革开放以来中国教育的发展和创新。教育创新必须同制度创新相适应、相结合。也就是说，制度创新开辟了教育创新的新路径。社会主义市场经济的发展包含了对现有的经济制度和经济体制的重大创新，这些创新为教育的制度创新提供了基本的方向，也为进行教育创新提供了路径。教育创新同科技创新有着直接的联系，科技创新的成果不仅提供了教育教学内容创新的基础，而且也为教育教学手段和方法的改革和创新提供了基本条件。从总体上理解教育创新的内涵，特别是把握好和处理好教育创新同理论创新、制度创新和科技创新的辩证关系，对于我们从社会主义现代化建设的全局，从中华民族伟大复兴的历史任务的高度，切实实现中国的高等教育创新具有重要意义。

（二）开展教育创新应遵循的指导原则

1. 教育创新应是国际视野下的创新

纵观教育创新的历史我们发现，尽管创新在一定的时间内以一个民族或地区为试验点，但最后创新的成果都会普遍被其他各国所接受、模仿、推广和受益。所以说，真正的教育创新不会以民族、地区为界限，而是全球性的。在当今的时代，经济全球化呼唤教育的国际化，在这样的氛围下，我们要进行的教育改革和创新，视野就不应该只是局限在与自己的历史和过去相比，必须要在继承和发扬本民族教育传统和优势的前提下积极了解、分析和总结其他教育发达民族与国家的先进经验与体制，避开其他国家与民族在教育发展模式上走过的弯路与歧路，我们要大胆探索、勇于实践、实现跨越式发展，使我国的教育改革走在世界各国的前列，成为教育创新的大国，为国际教育的改革与发展提供世界观和方法论。

2. 教育创新是从实践中来、到实践中去的创新

创新的目的是为了解决客观世界中存在的问题，为社会发展和人类进步做出贡献。因此，客观现实需求是创新的直接动力和来源。没有社会发展和人类进步之需求的提出，创新就不可能产生，即使产生也是主观臆断的产物，同时这种产物在现实世界中也找不到发挥作用的场所。

创新的成功产生后，就应该通过合适的形式使之在现实社会中得到推广和实施，只有这样才能尊重创新者的劳动，不浪费创新过程中国家和个人投入的大量人力和物质资本，使之变成解决社会问题、提高劳动效益的现实生产力。同时，创新只有通过推广到实践中去经过实践的检验才能完善自身。只有经得起时间和实践的检验的创新，才是具有生命力和生产力的创新。那些打着改革和创新的旗号，违背科学和教育规律甚或宣传伪科学的人，只有通过实践才能使他们现出原形，这一点在现阶段的我国应该尤其得到重视。

3. 教育创新是与时俱进的创新

唯物辩证法明确告诉我们，真理是相对的不是绝对的。创新的成果也一样，都有自己起作用的条件、环境和历史时间段，一劳永逸的创新是不存在的。每个创新随着时间和地点的变换，都有一个被完善、修改和纠正的过程，有一个被再次创新的可能，甚至有时会被一个崭新的创新推翻和取代。教育是国家社会大系统中的一个子系统，随着大系统中其他子系统的变更，如经济模式的改革和产业结构的变化，人口数量的增减和国民结构的改变，都促使教育系统自身以及于教育系统中实施的政策、措施（包括创新成果）也应做出相应的调整，针对新情况就要求提出新的教育理论，新的教育政策和新的教育措施。人类要进步、社会要发展、教育要改革，那么创新就没有止境，创新就必须与时俱进，新的时代呼唤新的创新，新的创新同时也必将创造新的时代。

第二节 学生的创新性培养

一、培养学生的自主创新能力

自主创新素质来自环境、社会、教育、个性等很多方面。学校教育培养学生良好的自主创新素质应该以培养学生良好的自主创新心理素质为核心，积极开展各种教学措施来培养学生的自主创新能力。

（一）利用教学资源和教学策略，引导学生自主参与创新学习过程

1. 有效利用迁移，合理安排教学程序

在教学中教师也可以通过学习的迁移使教学达到事半功倍的效果。教师根据学生的认知规律和所学知识的特点，抓住新旧知识之间的联系，为学生创造迁移的机会。"授之以鱼，不如授之以渔。"教师要结合学科教学来教授学生有关的学习策略和认知策略，这样不仅可以促进学生对所学内容的掌握，而且可以改善其学习能力，使学生学会学习，提高迁移的意识性。此外，教师还可以组织学生参加丰富多彩的社会实践活动，使学生在课堂中学习的知识在活动中得到消化、验证、巩固、拓展和延伸，提高其迁移创新能力。

2. 鼓励自主评价，促进学生积极自我意识的形成

教师要培养学生自主创新性学习的品格，就要变教师评价为学生自主评价。在初始阶段，教师要利用各种手段创设情境，激发学生参与评价的兴趣和积极性。在学生试行评价的时候，多以激励性语言鼓励学生，及时给予表扬、肯定，而对发言有误、胆怯的学生则耐心引导，使他们树立信心，鼓励其积极进取。此外，还可以采用小组交流、竞赛等形式扩大学生自主评价的空间，充分理解和尊重学生的发言，善于发现学生在评价中富有价值和意义的内容、充满童趣的内心世界和优秀品质、个性化的理解和感悟，体验学生的情绪，给他们评价的权利，使学生敢说、敢议、敢评，从而使学生学习的有效性大幅度提高，达到最佳的效果。

（二）鼓励学生自主探索精神，培养创新能力

现代教育教学非常重视引导学生自主探究、发现、创新，强调课堂教学中要充分发挥学生的主体性和主动性，实质是要求教师在教学活动中为学生创造

主动参与学习的条件和内容，让学生多动脑、多动口、多动手，引导学生经历教学知识形成的过程，让学生在获取知识、培养能力、发展能力的同时学会学习的策略与发现的方法。

1. 让学生讨论

讨论最有利于调动学生投入探索，最有利于师生间情感沟通和信息交流。教师要积极创设问题情境、提出问题、激发兴趣，让学生积极参与对教学问题的讨论，从而使学生的认识达到一定的广度和深度，使学生由被动地听讲变为主动参与，敢于发表自己的观点和独特见解，并学会倾听、尊重他人的意思。让学生质疑问难质疑是发现的设想，探究的动力，创新的前提。加强学生质疑问难能力的培养，即培养学生自己发现问题、提出问题的能力，具有极重要的意义。学生能够质疑问难，对知识内容有一定程度的理解与思考，是主动学习的一种表现，更是培养创新意识所不可少的。因此，在教学中教师要努力引导学生生疑、质疑、解疑，为学生创造良好的提问氛围，逐步培养学生敢想敢问的良好习惯。

2. 让学生动手操作动手

操作是学生学习的一种循序渐进的探究过程，它可以调动学生的多种感官参加活动，把学生推到思维活动的前沿，把课堂真正还给学生，让学生拥有主动权，使学生得到自主探索，主动发展的机会。学生只有具备了较强的动手操作能力，学习时才能积极主动地通过操作充分感知和建立意象，为分析和解决问题创造良好的条件。

3. 让学生求异

创新这要求学生在异中求变、异中求新，获得思维的发展。教师可以让学生说与别人不同的话，用与别人不同的方法，提与别人不同的问题等，从而培养学生善于思考用于创新、触类旁通的习惯与能力。

（三）培养学生"会学习"的能力

在引导学生掌握知识的同时，教师要引导学生把自己的学习也作为认识的对象，理解、总结自己学习的全过程，掌握学习的方法和解决问题的策略，让学生学会观察、学会操作、学会思考、学会归纳总结，从而最终形成学习的能力。

1. 让学生学会观察

教师必须重视学生观察力的培养。教师在指导学生进行观察时，应要求学生做到有明确的目标、按一定的顺序观察，把观察与思维想象结合起来，提高观察的效果。

2. 让学生会思考

学生学会学习的重要标志是学会如何思考问题，分析问题。因此，教师在指导学法过程中，要以训练学生的思维为主线，要求学生在课堂上边听边想，边看边想，边做边想。在课堂上要给学生多创造一点思考的机会，多留一点思考的时间，多提供一点表达思维的机会。教师要教学生做到：善于带着在预习中遇到的问题进行思考；善于随着教师提出的问题思考；善于从同学的发言中启发自己的思考。

3. 让学生会归纳总结

学生要真正理解学以致用的一定的方法，必须学会归纳学法。小结是课堂教学的一个重要组成部分，知识可以让学生自己去小结。通过学生小结，它能及时反馈信息，让教师了解学生掌握新知识的情况，发现新的问题，进一步促进学生主体性的发展。如每节课的总结阶段，通过今天的学习学生懂得了什么，学到了什么知识、有什么收获等。教师可以让学生归纳总结这一类问题，这既能巩固新知，发挥学生的创造性，又能起到复习巩固的作用，从而全面提高学生的素质。

二、培养学生的个性特长

（一）培养学生的个性是创新教育的必然要求

创新需要的不仅仅是一种知识的积累，同时也需要学生具有良好的个性，所谓创新其实也是一种个性的存在。而目前应试教育的最大弊端就是压制学生的个性，把学生视为单纯接受新知识的工具，极大地抑制了学生主观能动性的发挥，往往出现高分低能的学生。因此，想要进行创新教育，培养学生的个性特长就显得尤为重要。

1. 培养学生个性特长可提高学生学习活动的兴趣

兴趣是学习之本，学生只有对学习产生兴趣，才会有参与学习与活动的动力。为了培养学生的个性特长，教师可以多安排课外活动课，开设纺织、书法、朗读、乐队、舞蹈队、合唱队、足球队等项目的兴趣活动。针对班级学生的实际情况，教师可以将班级学生分成十组，让学生每周按时参加活动，保证每个学生参与进去，让学生在发挥自身特长的同时，最终激发学生学习活动的兴趣。

2. 培养学生的个性特长与学生个体能力提高相一致

由于某些学生受到了良好的早期个性特长培养，且在各自的兴趣爱好中有了一定的基础，并有进一步发展的潜力，教师应该抓住一切机会为学生创造发展个性特长的条件。

3. 培养学生个性特长可以加强学生的自主性

"自主性"是素质教育的一个方面，学生是学习活动的主人，教师可以通过学生在活动中动手拼一拼、摆一摆，动口数一数，动脑筋想一想、算一算等手段调动学生的多种感官参与活动，提高学生自主学习活动的积极性。

4. 培养学生的个性特长能激发学生的创造力

教师要培养学生个性特长，让他们发挥潜能，并把这种潜能发挥至极致，就会绽放出灿烂的创造之花。例如，我国著名的长跑运动员王军霞善于长跑，马俊仁教练慧眼识英才将她收入自己的麾下，对她科学指导、悉心调教，充分发挥王军霞的特长。最终王军霞打破了一个又一个的纪录，取得了令人瞩目的成绩。

（二）充分利用各方面条件，培养学生的个性

个性即一个人的特殊性。它是一个个体区别于其他个体的重要标志。个性有唯一性，但往往又有矛盾性、复杂性。但我们要了解人和研究人就必须从把握其个性入手。如果教育能够顺乎学生个性化的发展，则教育所起的作用会使学生个性化的发展更加顺利。然而，传统的教育过多地强调学生的理性的特征，而忽视了学生的非理性特征。这种教育模式的必然结果是加剧受教育者的竞争意识，以分数取代了学生的个性发展。一直以来，那些认真学习，听话的学生就是教师和家长心目中的好学生、乖学生。我们每个人都很熟悉爱迪生，作为教育者如果当时就否定了爱迪生，或者如果爱迪生没遇到他个性发展的空间，那么后来就不会有"发明大王"爱迪生。现在每个家庭里的独生子女都是家里唯一的学生，他们的个性比较强，有自主意识，又任性、偏激、自私、生活自理能力差，这就给教育提出了新的难题。随着社会的发展和进步，教育理论也要与时俱进，逐步深化。在提倡素质教育的今天，我们的社会、学校都重视学生个性的发展，因为合乎时代的潮流乃是教育存在的基本条件，我们要迎接"不拘一格降人才"的新时代。

（三）充分尊重学生的个性，让学生不断发现自我

没有人的独立性和自主性就没有个性。教育家陶行知说："最好的教育是教学生自己做自己的先生。"① 传统的班级管理中经常出现见"事"不见"人"，以"事"为本，这是教师强制管理的弊病。这种班级管理是让学生服

---

① 项家庆等. 谈管论道 现代班主任常规工作管理［M］. 天津：天津教育出版社，2018：6.

从于"事"，顺应于"活动"，把自主和有活力的人，僵化为按"号令"行动的一种工具。"听命"和"顺从"成为学生在班级管理中的基本状况，学生的自主性和创造性是无法充分表现的，学生的个性特点是很难显现的，培养创造性的个性品质也就成了空话。要培养学生创造性个性品质就必须坚持以人为本，鼓励学生积极主动参与班级管理，真正成为班级管理的主人。众所周知，缺乏独立自主精神的人是不可能具有创造性个性品质的，因此在班级管理中关键是培养学生的独立自主精神，让学生不断发现自我。

在实际的教学实践中，教师要让学生独立探索知识，只有通过独立探索取得的成果才会给学生带来最大的欢乐，因而教师要善于帮助，指引他们去依靠自身的努力争得这种喜悦。学生之所以喜悦，从表面上看仿佛只是因为发现了新知；实际上更重要的是由于学生同时也发现了新的自我，发现自己的智慧和经历一番困难之后赢得的"我的胜利"，这里学生的欢乐不单是学习上的欢乐，而且变成人格上的欢乐，本质上是对个性的自我赞赏，是发现自我存在的价值。当一个学生告诉教师和同学说："这是我自己想出来的（解题方法）""我自己写出来的（作文）"，这时学生是在期望教师和班集体承认他的自我存在价值。自甘落后的学生原本是没有的，如有些学生自暴自弃的情绪，那只能是不良教育的结果，即否定了人的价值的自我实现。

教师有义务去细心发现每一个学生的成功和喜悦，并且教师和班集体理应分享这种喜悦，认可每个学生存在的价值，为学生开凿萌发和发展自尊心、自信心和自爱心的泉源。学生的自尊、自信和自爱之心是理智和道德品质得到自由发展的共通渠道和内在动力，是自我意识和自我教育发展的根基所在。如果一个学生从未尝到过学习上成功的喜悦和人格上的欢乐，他必然成为最难教育的学生。教师要像保护自己的眼睛一样保护学生的自尊心，并且对全体学生一视同仁。这样学生才可能学会学习，同时也才愿意学习做人，做一个堂堂正正的人。

（四）注重班级管理，培养学生的个性

班集体是师生共同组成的集体，只有师生共同努力才能把班集体管理好，这就需要班主任实施民主管理。民主管理的关键是使班集体成员形成主人翁意识和高度的责任感，形成积极性和创造性。要避免学生感到受制于人，产生被人"管"的消极意识。因而教学中应避免班主任包办代替和独断专行，事事都唱独角戏的局面。这种传统的管理会使学生一切听命于班主任，其责任感必会遭到泯灭，久而久之，创造性个性品质不仅不能形成，还会使学生养成一种奴性。在班级管理中，班主任与学生应该目标一致、行动一致。学生的主人翁责任意识不是班主任"给予"的，而是在主动参与班级管理的活动中形成的。实践证明，在班级管理过程中学生的参与越多，他们的责任感就越强，自我管理能力就会很快提高，班级的面貌也会越好。

一个有利于每个学生个性发展的班级，其人际关系应是协调和谐的。因为在这样的环境中，每个学生既重视其他学生，同时也意识到自己在班级里是不可缺少和不可替代的。班级里人际关系主要是师生关系和同学之间的关系。第一，师生关系随着社会的发展应变为教师和朋友的关系。教育的思想、理解都应发生变化，不应再提陈旧的师道尊严，施教者应明确紧张的师生关系不仅不利于教学的健康发展，也不利于学生个性的培养。俗话说："亲其师，信其道。"① 这总做法也是值得我们借鉴的。师生关系和谐了才能更好地做到教学相长；第二，同学之间的关系。现代的中学生大都是独生子女，他们性格中有任性、自私等等不良的习气，也有个性要强、争强好胜、禁不起挫折的特点，因而同学之间的关系的和谐这对学生的身心健康发展、精神发展都是有益的。因而教师要尽全力协调好同学之间的关系。一个班级要允许有才华横溢、积极上进的学生，也有沉默寡言，不太引人注意的学生；有精力充沛、心灵手巧的学生，也有思维迟钝、行动缓慢的学生。所以，教师要根据不同学生、不同特点的教育创设，并有意识地控制各种不同的教育情境，这才有利于每个学生的个性发展，这才是教育机智。

（五）让学生快乐起来，注重实践教学

快乐是学生的第一精神需要，快乐是学生心理发展的催化剂。只有快乐的情绪才可能赋予知觉的敏锐性和表象的鲜明性，赋予形象思维和抽象思维以巨大活跃性；学生没有快乐就不会产生求知欲；只有快乐才可能焕发智慧，使他们获得幸福的感觉。

学生只有对学习产生真正的直接兴趣，学生才可能产生"自由感"，才可能产生主体性。兴趣就是个性心理整体的倾向性，学生在学习中倾心贯注才能学得有成效。兴趣是启动学生心灵中潺潺流动的溪水，没有兴趣，学生的个性心理机能就如同死水一般。任何教育、教学措施如果能激发学生的兴趣就能解放学生，即解放他们的脑、手，促其手脑并用，促进他们全面而自由地和谐发展。班主任在管理学生的过程中要熟知每个学生的兴趣，要帮助学生发展兴趣，这对他们的整体素质提高将起到积极作用。

实际锻炼就是学生在学习社会活动以及日常生活实践中，通过身体力行实

① 《学记》。

践、体验快乐而接受教育的一种方法。课外活动在实际的操作过程当中要求学校班级应结合具体的情况，灵活地采取一些措施。例如，教师可以跟校外的街道、工厂、车站取得联系，让学生参加一些义务劳动。校内可组织学生晨间锻炼、做课间操、搞文艺演出、创办手抄报等。在实践锻炼过程中，教育者就要注意培养学生个性能力发展，例如教师可以让学生自己设计活动的方案，筹划活动的内容，解决活动过程中所发生的各种突发性的问题，教育者要起到督促评估的作用。

（六）注重学生的个性，分类培养

每个学生都是与众不同的，因而教师要依据个性，因材施教。每个学生取得真实的学习成就，总是通过自己的特殊条件的。苏霍姆林斯基说："不存在什么对所有学生都一律适用的在学习上取得成就的先决条件。学习上的成就这个概念本身就是一种相对的东西。"[①] 对某个学生来说，90 分是成就的标志，而对另一个学生来说，70 分甚至是 60 分已可算作"巨大"成就。教师做思想教育时要理解和体谅学生，善于判断每个学生在学习上真正的学习水平，之后教师再提出相应的要求，其目的在于使每个学生在自身努力的基础上获得成功。

解放学生的创造力也意味着依靠他们的特殊爱好，赋予他们自由感，使他们获得个性的自由发展。教师要创造地展示并发现学生各自的天资和创造才能，然后促进学生充分发展。

三、培养学生的学习兴趣

（一）创设一定的问题空间，激发学生学习的兴趣

好奇是学生的天赋，兴趣是最好的教师。创设问题空间可以唤起学生的有意注意，调动思维的积极性和主动性，使学生乐学善学。因为学生对问题好奇，所以他们势必会去努力思考，而在思考的过程中就是学生去融会贯通之前所学知识的一个过程。同时，由于学生都在同一时间去思考问题，难免学生之间会有一些竞争心理。这样能够大幅度地激发学生学习新知的兴趣。

（二）平等、和谐的师生关系，可培养学生的学习兴趣

教师教学成功，学生学得愉快，建立一个和谐融洽的师生关系很重要。教

---

① 胡克英.胡克英教育文集［M］.北京：教育科学出版社，2003：23.

师要使学生喜欢学习达到变"要我学"到"我要学"为"我爱学"的乐学境界。让学生喜欢学习，平时注意一言一行都关心爱护学生，平等对待学生，不要走进教室不是扳着脸孔就是冷言冷语，而是把"微笑"带进课堂，使学生感到教师不是来训斥我们，而是给我们传授知识来的。在教学中教师应真正把学生当作学习的主体，以谈话的方式进行教学，充分发挥民主，创造轻松的环境，让学生多说、多动手、多表扬、少批评，教师可以设计有不同难度的问题让不同层次的学生回答，让学生都积极主动地参与到课堂教学中。练习时遇到疑难问题时教师与学生展开讨论，为学生解难，使他们感到自己是同教师共同解决问题。对待学困生，教师应该不讽刺、不挖苦，和他们一起找根源耐心辅导。这样增进了教师和学生间的感情，融洽师生关系。兴趣常常是伴着愉快的情绪体验而产生和发展的。

（三）利用教具、多媒体教学，可培养学生学习的兴趣

教师利用学具操作，创设参与条件，从而面向全体学生，让他们由好带差、互相鼓励、互相促进，这是贯彻落实主体教学的重要措施。在教学的时候，教师可以多使用一些形象、直观的教具并充分利用好多媒体教学的特点，这样可以使学生在多种感官的刺激下学习专业知识，把枯燥、乏味的理论知识变为贴近生活、有趣味的实验、模具等，这样学生在学习的时候就会更加直观地感受到教学内容，同时也会激发学生的学习兴趣。这样使学生乐于思考、愿意讨论，甚至是自发形成一些小组讨论，这无形中提高了教学效果，也培养学生的自主性学习。

第三节　教师的创新性培养

一、教师教育技术的创新性培养

（一）教育技术能力与创新人才培养的关系

教育技术是优化教学效果的理论与方法，是改变传统教学的技术手段、提升教学质量的必要途径。只有认清、处理好教育技术能力与创新人才培养之间的关系，教师才能去发展自身，在教育技术上进行各种创新。

创新教育与现代教育技术的契合点是创新教育所需要的适合创新产生的情

景和激发力量，如形式多样的信息环境，民主和谐的师生关系，适合个性特征的教学方式等；而基于信息技术的现代教育技术恰好具备了这些要求。另外，这两者理论上都是一种现代化的教学思想，实践上都是注重对学生能力的培养。

教师要善于应用教育技术能力创新教育理念，培养创新人才。在我国传统的教学理念中，教师是课程的实施者、是知识的传播者，在课堂上，教师是主体，他们向学生传授知识，学生是接受者，学生的任务就是将教师传授的知识牢牢记住。这种教育理念导致呆板学生的出现，这些学生没有自己的思考过程，他们将教师视为权威。

将教育技术引入课程与新课程改革理念配合，具有教育技术能力的教师能够提供辅助教学系统，应用其灵活的安排教学内容、选择教学方法、设计教学环境、开发教学资源。这种完全不同于以往的教学方式需要教师和学生同时去适应。这样他们就有一个同时学习、进步的过程。这样可以树立创新的人才观、学生观、教师观。即在新的教学理念中，学生是学习的主体，教师的作用是教学的引导者，而不是权威。学生与教师可以交流、探讨，共同学习。利用教育技术扩大课堂，开阔教师和学生的视野，将他们的注意力从学校的小课堂引到社会的大课堂，让他们了解知识型、应用型人才才是社会需要的，学校应该培养这样的人才。

教师利用教育技术能力增加实践机会，培养创新人才。教师将教育技术引入课堂后向学生提供参与的机会。教师的教育技术能力可以提供辅助学习系统供学生使用，而不再是单纯的讲授模式。教育技术的应用环境多是在多媒体教室中，这改变了传统的教学环境，使学生如身临其境能更直观、更现实地学习知识。教育技术的动手操作技能，鼓励学生不要只是学习书本知识，学生要走出去参加实践。

学生可以参加的实践环节包括实际实验、社会调查研究、跟随教师做课题研究等，这些实践环节不仅能使学生不仅能学习书本知识，还可以使学生在实践中验证理论，锻炼其动手能力，使学生在参与和实践的过程中成长。很多时候我们把创新型人才也称为应用型人才，就是因为他们能不仅要有丰富的知识，还要具有创新的能力，这种能力的锻炼是从实践中不断积累起来的。

创新人才培养是我国新时代人才培养的重中之重，是科技时代发展的需要。创新型人才是推动我国的教育现代化发展、建设和谐社会的关键。运用现代教育技术手段，着力培养创新人才，是教育领域工作的重点。理清教育技术能力与创新人才培养的关系是上述工作的前提，只有正确处理好二者之间的关系，才能让教育技术在未来的教育中彰显魅力。

（二）教师的教育技术创新策略

观念层面的现代化是实现我国教育观现代化的关键和核心。如果不更新观念，只能是穿新鞋走老路，信息技术的应用不仅不会提高教育教学效率，而且还会造成巨大的资源浪费。技术本身是中性的，技术本身和教育优化没有什么必然的联系，关键是使用技术的人持什么样的观念。在不同的观念和理论指导下，以不同的方式、方法运用技术，既可以培养出能够满足工业化社会需求的知识型和知识应用型人才，也可以造就一代又一代的信息时代所需要的高素质的创新型人才。所以，我们可从以下五个创新观念的培养分析教师的创新性培养任务。

1. 创新课程价值观

确立体现时代精神的新的课程价值观是新课程改革的根本任务。新课程的基本价值取向是为了每一个学生的发展。因此，基础教育课程体系必然走出目标单一、过程僵化、方式机械的"培养模式"，让每一个学生的个性获得充分发展，培养出丰富多彩的人格。把知识与技能、过程与方法、情感态度与价值观三者真正统一起来，把课程本身的引人入胜之处，课程的个性发展价值视为根本，让每一个个性充分发展的人去健康地接受社会的选拔和挑战，这种既适应素质教育的内在要求，又体现时代精神的新的课程价值观在新课程的功能与目标集中展现出来。利用现代教育技术这平台，全方位、立体化开发新的课程体系和课程内容，延伸和拓展知识的广度和深度将最大限度体现课程价值。尤其是在地方课程与校本课程的开发方面，如果教师按照老思路开发文本教材，这不但大大增加教师和学生的负担，课程内容的呈现方式也会单一枯燥。教师应该充分利用网络媒体，建立专题学习网站、研究性学习网络平台，开发具有本土化特色的课程资源，让课程不断动态、良性发展。

同时教师可以改变知识的单向传播过程，让学生积极参与课程建设，形成互动，真正实现课程价值与学生个性发展的统一。同时，学生的每一个个体也是课程的建构者，学生的人格品质、主动精神、知识结构、学习思维和方法、合作能力与质量、发表的意见和观点、提出的问题和争论甚至错误等都是课程资源。教师应该关注学生的日常生活，充分利用通信软件如电子邮件、微博等来倾听、发现、研究学生，把学生的问题与困惑作为课程资源进入教师的视野，使课程实施由控制课堂的预设过程变成师生共同建设的过程。

2. 创新人才培养观

现代教育技术极大的推动着教育内容的现代化，带来了教育模式、手段、方法的多样性，使教师提供更多的信息，学生学到更广的知识。拥有了现代信息技术的教育不再只具备传统教育的功能，多媒体教学可以不受时间、空间、内容、师资等限制，满足学生多样化的需求。与传统教育相比，信息社会的现代教育培养目标正在不断延伸，当代教育旨在培养一种"全面发展的人"，从纵向上来说，这种人能够在人成长的全过程中不断提高自身水平，接受教育，迎接挑战；从横向上来说，这种人能在广阔的学习领域内游刃有余，全面掌握知识和技能。在现代教育技术条件下，学生由被动学习向自主学习变化。网上学习的超文本形式使学生的学习变直线型为非线型，变接受型为探究型。教育技术的进一步创新，对传统教育内容产生巨大的冲击。首先，信息化社会依赖于以知识为基础的产业，要求教育培养的人才具有较强的信息获取、信息分析和信息加工的能力。其次，网络技术的应用使信息资源共享，人与人之间的交流更广泛，那些关起门来搞学问的方式已经不适合当今社会的发展，它需要人与人之间的和谐共处，协作共事。这就要求学生学会尊重多元文化，具备平等的价值观。

3. 创新教学组织观

现代教育技术环境下的教育要求教师更新观念，从以教师为中心向以学习者为中心转变，从封闭教育向开放教育转变。然而，囿于传统教育观念和教学模式的巨大惯性，对大多数在应试教育环境下成长起来的教师而言，要从传统教学模式中"突围"出来，完成向"导学"角色的转换，是十分艰难的。但是，作为从事现代教育的一线教师，必须清醒意识到现代教师的职责，积极自觉地进行"角色"的转变，树立"以学生为中心"的教育观念，自觉地调整教师与学习者的关系，努力成为学习者的组织者、指导者、引路人，完成从知识的讲授者向学习的组织者、指导者和管理者的转变，以适应现代学习化社会的需要。

目前，以多媒体和国际互联网为代表的信息技术，正以惊人的速度改变着人们的生存方式和学习方式。在传统教学中，国家统一编写教材规范，教师以学生的知识传授，形成了"教参—教材—学生"这一固有的程序和模式。在现代教育技术与学科教学整合过程中，教师可以成为课程开发和教学研究的主体，运用现代化手段为学生创设学习情境，开拓多媒体教学空间，具备研究者的角色。教师参与到设计和开发课程的活动中，完全可以根据各种教学数据，并结合自己的教学个性，对各种教学素材或课程元素进行科学的、独到的设计与组织，与学生一起开发和利用有利于培养创新精神的有价值的校内外的教育资源，从而实现知识、意义、思想、价值与情感相结合的教学，使教学在先进技术的支持下真正成为一门艺术，为学生提供良好的创新的环境。

教师还必须研究学生学习的特点、规律，现有课堂教学模式改革等问题。

例如在大量信息面前，有的学生出现了求新、求快、求刺激而不求甚解的倾向，就应研究怎么样才能使学生加深理解，以及提高学生处理信息的能力。同时，教师还要进行教学实验，研究创设不同的学习情境会对学生学习产生怎么样的影响；研究如何利用新技术提高学生高层次思维、解决问题的能力；对网络提供的教学材料进行研究和评价，并加以改善；发现不同课程教学中的重点、难点以及学生学习某门课程经常会出现的疑点和难点，为设计制作多媒体教材提供资料和数据，顺应社会各方面发生的显著变化，及时灵活地改变课程计划和内容，完全改变旧的教学体系中一套教材几代人用的现状。

4. 创新教学评价观

随着信息时代知识的无限丰富和急剧增长，基础教育课程功能转变为注重培养学生的学习态度、创新意识和实践能力以及健康的良心品质等多方面的综合发展。于是，配合课程功能的转变，评价功能也发生了根本性的转变，它不只是检查学生知识、技能的掌握情况，更关注学生掌握知识、技能的过程与方法，以及与之相伴随的情感态度和价值观的形成。新课程改革倡导"立足过程，促进发展"的课程评价，这不仅仅是评价体系的改革，更重要的是评价理念、评价方法与手段以及评价实施过程的转变。新课程强调建立促进学生全面发展、教师不断提高和课程不断发展的评价体系，在综合评价的基础上，教师更关注个体的进步和多方面的发展潜能。新课程倡导成长记录袋、学习日记、情景测验等质性的评价方法，强调建立多元主体共同参与的评价制度，重视评价的激励与改进功能。传统评价手段和方式重视学生知识的考核，一般通过考试、测验实现。运用现代教育技术，针对传统评价只重视甄别与选拔功能的缺陷，发展信息化的评价工具和评价软件，实现评价的综合化、多元化、全面化。综合素质评价、学籍管理、成绩管理、德育档案等以前用手工方式方法做的事情，通过信息技术手段，不但可以方便、快捷、高效实现，而且通过网络可以实现特定区域范围内的集中管理、共享使用。对于学生的成长记录、作业作品等教师也可以图片、视频方式做成电子档案，方便保存、调阅。

5. 创新媒体应用观

在应用多媒体充分调动学生各种感官的功能，激发学生学习的热情和强烈的求知欲望的同时，多媒体教学的格式化、定义化、程序化的特点，使整个课堂只能按照教师事先设计的程序和课件按部就班地进行，学生只能被动接受，如果把握不好，这种教学状况将会演变成新的"填鸭式教学"。如何看待和把握教育技术在教育教学过程中的价值取向，有"媒体决定论"，也有"媒体否定论"。前者认为先进的教育技术手段可以代替教师和学校的认识，后者则认为教育的一切活动都是围绕人这个中心进行的，教育的实质就是"人教育人"。对现代教育媒体持盲目崇拜或完全排斥的认识，反映在现代教育媒体应用上也同样存在着两种偏颇的倾向，即过分地夸大现代教育技术的作用或不重视现代教育技术的应用。针对以上问题，教师一定要树立正确的现代教育技术价值观，科学、客观地评价现代教育技术的作用和价值。一方面要看到现代教育技术的独特优势和潜在价值，不断引入新的教育技术成果，促进教育现代化的发展；另一方面也要认识到现代教育技术不是万能的，他们对教育的变革和影响不能单独产生决定性的作用，必须与其他因素相互协调才能产生作用，如人的因素、体制的因素、内容的因素等等。教师只有正确把握现代教育技术与教育系统中其他要素之间的关系，科学、合理地运用现代教育媒体，才能更有效地发挥现代教育技术的作用。同时，在教育教学过程中，教师要彻底摒弃现代教育技术就是使用媒体呈现教学内容的单纯的狭窄的教育技术观念，用系统的方法来整体地考虑教学目标、教学内容、师生、媒体、方法、结构和环境之间的关系，追求和提高教育教学过程展开的整体效益与最佳效果。

二、教师教育思维的创新性培养

（一）教师的教育思维的创新

生产力与科学技术的重大突破、生产关系的变动、社会制度的更替、重大的政治事件以及社会的风俗习惯、文化传统等，都是教育思维创新的依据。这些都是无可辩驳的事实。但长期以来，人们在研究和探讨教育思维创新问题时，只是片面地、孤立地考察它发生的内因和外因、根据和条件。人们认为只有这样才能具体地、历史地把握教育思维变动、更新、发展的趋向，因而忽视了一个最重要、最基础的因素——人们的思维模式对教育思维形成和创新的影响作用。思维模式是贯穿整个教育思维创新过程起主导作用的因素。如果把教育的主客体之间的对立统一及其同教育环境条件的相互作用，看作是教育思维创新的动因，把人们教育实践的发展及其新的教育经验和理论的累积，看作是教育思维创新的基础，那么，教育思维模式就是实现由"基础动因"到"思维创新"全部过程的一个信息处理的"加工厂"。所谓思维方式，是指人们在思维过程中把握世界整体联系的定格，特别是对世界的统一性与多样性的看法。所谓思维模式是主体用以反映客体的样式，是定型化的思维方法。它表现为一种存在于人们头脑中的思维框架。人们就是用这种框架来认识各种教育思维，实现教育思维创新的。

在教育实践认识过程中，由于人们经常运用某种思维模式，就会把这种思维模式内化为一种教育认识的单元而贮存于大脑中，构成人们心理结构中的一

— 159 —

个有机子集当教育中某种强制力量的反复要求，人们教育实践行为和思维的重复活动，后者人们心理活动中的习惯、情感、意志的强化作用，往往使这种思维方式或者思维途径从变动、易变走向稳定、定型，成为一种相对稳定的教育思维模式，即内化成组织化、定型化的教育思维结构和习惯性的教育思维模式具有以下三个特点：第一，标准性，教育思维模式在教育认识活动中表现为一种组织化、定性化的思维框架，提供了某种标准，使教育活动呈现为一定规律性；第二，独立性，教育思维模式虽然产生于特定历史阶段的教育实践和认识中，但它往往独立于教育实践和认识，事先就大致规定着教育实践认识的信息加工方式和方向。当然，这种独立性是相对的，而不是绝对的。它必然随着教育主客体相互作用而不断地建构、修构和解构。这就为教育思维创新提供了可能性和主观依据；第三，潜在性，由于教育思维模式中某些部分是通过无意识活动形成的，并内化为一种定型的潜在心理状态。因此，它本身的存在和作用往往不被人们注意。也就是教育思维模式不是有形的实物模子，而是一种无形的框架在悄悄地潜移默化地影响我们的教育认识活动。以上可以看出，教育思维模式的标准性、独立性与潜在性在与教育信息材料的关系上，依次有着对教育信息进行组合、赋值的作用。由此相应的教育思维模式也就有组合、赋值、解释、导向的功能。所以，在一定程度上，有什么样的教育思维模式就有什么样的教育理念。教育思维的创新首先必须是教育思维模式的变革。

思维模式是通过什么方式和途径对教育思维的形成起着选择、组织、解释、导向信息等作用的呢？我们必须从分析教育价值观开始分析。思维模式是经过综合的观念积淀而成的思维框架。在思维框架中，必然有一个居于支配地位，起着主导作用的观念，那就是价值观。例如，传统教育思维模式起着主导的就是"知识万能"的教育价值观。价值是指客体的存在、作用以及它们的变化对一定主体及其发展的某种适合、接近或一致、即客体本身必须有满足主体需要的有用性。教育价值就是教育的本质性对人的全面发展的有用性。教育价值观就是教育价值。

(二) 教师的创新思维的作用

1. 有利于对所传授知识的再创新

在现代教育中，教师不再是传统的"教书匠"角色，不再是一部百科全书或供学生利用的资料库。尽管教师传授的知识经验本身是人类已有的，是千百年积累下来的，但传授的过程并不是固定不变的，它是一个"活"的过程，教师在传授知识的过程中要刻意求新，要把凝固的文化激活，教师要通过知识的传授创新文化，激活文化的活力。而且知识只有经过教师的创造性加工，才更有利于被学生接受和再造。

2. 有利于促进学生的创新性思维的发展

思维有了创新性，则会从不同的角度提出问题，启发学生思维，激励学生产生创新的意念，才会对学生发挥出来的创新性感到由衷的喜悦并加以高度赞扬，才会艺术地运用点拨，激励学生以独立的角色、建设性的态度对教师质疑、评论乃至争辩，才能在教学过程中自觉地发现学生的潜力，捕捉学生创新性思维的闪光点，多角度多层次培养学生的创新精神和创新能力。

3. 有利于创新教育教学的艺术

教师劳动本就具有的极大的创新可能性，教师的劳动对象是具有主观能动性的活生生的人，他们的发展既有共性的一面，又有不同的个性特征。但中国的教育由于受统一的模式、统一的教学大纲、统一的学制、统一的课程安排、统一的学习评定的约束，这窒息了学生个性的发展，淹没了学生的主动性和创新性。而思维具有创新性的教师决不会因循守旧，总是乐于创新，力求使自己成为一个发现者、研究者、探索者，在学生的教育中具有一种生动活泼的、高度灵活的创新性。

4. 有利于形成平等的师生关系

具有创新性思维的教师把学生看成是未来的有前途的人才，对所有的学生都一视同仁，给学生以充分发表意见的机会和自由，给学生提供充分展开想象、联想的时间和空间。教师能与学生打成一片，把学生看作是一同解决问题的朋友，并不断鼓励学生超越自己。因而具创新性思维的教师与学生建立起的新型的、民主的、平等的师生关系。

（三）教师培养创新性思维的策略

1. 改变传统的思维方式

人对外界的信息并不是全盘接受的。外界信息反映于人脑形成认识的过程，有个"同化"过程。而在这个同化过程中，如果新的信息与自己严守的旧观念不能相容，人脑往往习惯于选择原有意识内容一致或相似的对象进行反映，习惯于接受为自己所认同或自己感兴趣的事物和观点的特性，并且在反映过程中总是按原有的思维框架组织反映，具有强烈的认同性。这样就会影响思维创新性的发展。一个人在思维过程中，之所以敢于怀疑、敢于提出问题，在于他的趋向是打破固有的思维模式，改变原有的观念，使思维和认识经常处于"待变"状态，以在条件具备时改变思维方向，从既有的思维模式和观念中超脱出来。

2. 树立正确的创新性思维观

首先，教师应打破对创新性思维的神秘感。创新性思维并不神秘，它是人类思维的一个特点，是人类思维的一种表现形式，人人具有创新性，每个人都可以发挥自己的创新性，进行创新性活动；其次，科学的认识和把握创新性思维的过程。创新性思维过程是极其复杂的，不同的创新性活动中，因任务、目的的不同，创新性思维的过程也呈现出差异。认识和把握创新性思维的基本过程有助于教师澄清认识、理顺思路、积极采取措施，为创新性思维的培养奠定基础；最后，教师要掌握一些基本的思维方法。不同的思维方法对于思维能力的发展有不同的作用，因此，教师掌握不同的思维方法可以促进思维能力的提高。

3. 建立积极的心理状态

首先，教师要有好奇心。好奇心是人们对新奇事物进行探究的一种心理倾向，是推动人们积极地去观察世界，展开创新性思维的内部动因。有了好奇心教师才会更加热爱生活，兴趣才会更加广泛，教师才能够积极探索，深入思考，使问题得以解决；其次，教师要有热烈的情感。情感是人对事物的一种态度体验，只有积极的情感才能产生积极的体验。教师如果对工作有了热情，就会增加其工作的主动性，引发其探究的欲望，焕发创新精神；最后，教师要养成创新生活的习惯。习惯是经过多次重复而形成固定下来的行为方式，它是驱使自己去完成自动化的倾向。一旦养成创新的生活习惯，思维的创新力就会处于积极的活跃的状态中，就会激出智慧的火花，遇到问题就会迅速地做出判断，并寻找到解决问题的最佳途径。

4. 树立科研意识，培养科研能力

创新教育观念着眼于学生主体的构建和培养，让学生掌握学习的主动权，成为自身发展的主人，能够自主地、能动地、创造地进行认识和实践活动。这就要求教师不能单纯地咀嚼教材和教参，要不断地进行学术探讨，掌握学科的前沿信息，把新的科研成果提供给学生。因此，具有较高的科研能力是思维创新性的不竭的源泉和活力所在。另一方面，只有提高了教育科研能力，才能把丰富的教学经验上升到理论高度，再用于指导实践，从而使自己的创新性思维能力更放开、更具有发展前途。

参考文献

［1］毕继万．跨文化交际理论研究与应用［M］.北京：北京语言大学出版社，2014.

［2］曹大峰.日语语言学与日语教育［M］.北京：高等教育出版社，2014.

［3］陈国明．跨文化交际学［M］.上海：华东师范大学出版社，2009.

［4］陈坚林．大数据时代的慕课与外语教学研究——挑战与机遇［J］.外语电化教学，2015（1）.

［5］陈思佳.文化导入在高校日语教学中的研究与实践［J］.吉林省教育学院学报，2015（8）.

［6］陈望道．修辞学发凡［M］.上海：复旦大学出版社，2008.

［7］冯立华．网络日语实践教学平台构建的理论研究［J］.亚太教育，2016（32）.

［8］冯佐哲．中日文化交流史话［M］.北京：社会科学文献出版社，2011.

［9］傅美莲．跨文化交际视角下的日语教学模式探索［J］.吉林省教育学院学报，2009（3）.

［10］高淑娟.日语应用型人才培养模式创新的理论与实践［J］.中国电力教育，2011（6）.

［11］韩颖．高职院校多媒体日语教材的开发与建设［J］.产业与科技论坛，2017（6）.

［12］李朝辉.中日跨文化的话语解读·日语和日本文化［M］.北京：知识产权出版社，2008.

［13］李清源，魏晓红．中美文化与交际［M］.上海：复旦大学出版社，2012.

［14］刘丽芳．适应市场需求的日语人才培养的理论研究与实践探索［J］.吉林省教育学院学报，2015（7）.

［15］刘宁.21世纪日语教学中教师扮演的角色［J］.知识经济，2010（19）.

［16］刘绮霞．全球化背景下高校日语教学发展趋势分析［J］．文教资料，2009（21）．

［17］刘亚宁．外语传播中的文化差异［J］．山东大学学报，2007（2）．

［18］罗益群．文化教学中跨文化意识的培养［J］．浙江师范大学学报，2005（3）．

［19］荣宪举．慕课对我国高等教育的影响及遇到的问题［J］．价值工程，2016，35（26）．

［20］盛勤．日本概况［M］．上海：上海外语教育出版社，2011．

［21］苏小明．如何在网络环境下培养学生的日语自主学习能力［J］．湖北函授大学学报，2017（3）．

［22］隋新龙．文化介入对日语教学的意义及应用［J］．牡丹，2016（4）．

［23］王静．日本文化［M］．北京：中国传媒大学出版社，2015．

［24］王凌，王述坤．中日文化的互动与差异［M］．南京：南京大学出版社，2014．

［25］王秀文．日本语言、文化与交际［M］．北京：外语教学与研究出版社（第1版），2007．

［26］王振亚．以跨文化交往为目的的外语教学［M］．北京：北京语言大学出版社，2005．

［27］修刚．中国高等学校日语教育的现状与展望［J］．日语学习与研究，2008（5）．

［28］徐昌华，李奇楠．现代日语间接言语行为详解［M］．北京：北京大学出版社，2001．

［29］徐一平．日本语言［M］．北京：高等教育出版社．1999．

［30］杨龙辉．基于日企人才需求的高校日语教学方向分析［J］．湖南科技学院学报，2016（6）．

［31］张英淑．跨文化教育在日语教学中的应用［J］．延边大学学报（社会科学版），2015（6）．

［32］钟丹．从语用行为失误看大学日语教学［J］．读书文摘，2016（2）．